KAMINOGE Nº 139

Cover PHOTO:
Yuhei kudo

PETIT KASHIMA

俺の人生にも、一度くらい幸せなコラムがあってもいい。

VOL.138

KAMINOGE COLUMN

猪木の言葉でいちばん好きなもの

プチ鹿島

プチ鹿島（ぷち・かしま）1970年5月23日生まれ。芸人。『ヤラセと情熱 水曜スペシャル「川口浩探検隊」の真実』（双葉社）、発売後から大好評です。

編集者と話していたら「アントニオ猪木の言葉でいちばん好きなもの」というテーマになった。猪木を見てきた人なら何時間でも語れそうなお題だ。世代や環境によっても様々な見方や解釈が出てきそう。

編集者が好きな名言は「オメエはそれでいいや」だという。『KAMINOGE』読者には説明不要だろうが、2002年2月1日の北海道立総合体育センターで起きたいわゆる〝猪木問答〟での名言だ。当時の新日本プロレスはPRIDEやK-1などの格闘技人気に押され、2000年代は暗黒期と呼ばれるほど苦しい時期が続いた。このときは猪木の格闘技路線に反発したと思われる武藤敬司、小島聡、ケンドー・カシンや多くの社員が全日本プロレスへ移籍してしまうという状況だった。

《K-1や格闘技に傾いていた猪木さんの口から、とにかくプロレスという言葉を出させたかった。ということで、猪木さんをリング上に呼び込んで、「ここのリングでオレはプロレスをやりたいんですよ」と訴えた。だけど、いつの間にか猪木さんは「お前が仕切れ」と自分を責任者に指名したりして、訳が分からない話になってしまった。》（蝶野正洋・デイリースポーツ2019年3月12日）

ここから若手選手たちと猪木の「問答」が始まる。猪木は彼らに「怒っているか」と問いかける。まずは中西学だ。

「怒ってますよ」（中西）

「誰にだ？」（猪木）

「全日に行った武藤です」（中西）

「オメエはそれでいいや」（猪木）

絶妙な間合いで次に行く猪木。今でも語り草になるシーンだが、編集者もそんな面白さが好きなのだろうか？　するとそうではなく「自分が仕事をしていくうえで『オメエはそれでいいや』と言われてしまう存在にならないように心がけている」というのだ。

もちろん中西はあれでいいという前提はある。しかし自分の仕事ではああいう認識のされ方をされないよう戒めにしているという。なるほどなぁ。逆に言えばみんな中西学にはなれないのである。多くの人間は天衣無縫、治外法権という存在ではないからコツコツと芯を食って成果を出していくしかないのだ。

ちなみに蝶野は《プロとしてアピールする場なんだから、「武藤、ぶっつぶしてやる」とか、「新日本はオレが守っていく」とか、そういう言葉を期待していたけど、健三選手が「自分の明るい未来が見えません」なんて言うから、吹き出しちゃったよ》とも振り返っている。やはりあの場はプロとしての成果を求められていた場（リング）だったのである。

では私の好きな猪木の言葉はなんだろう。「10年持つ選手生活も1年で終わるかもしれない」（ストロング小林戦後）もいい。平成になってすぐの「出る前に負けること考えるバカいるかよ!」も人気だと思う。

私が忘れられないのは「これで大掃除ができた」（1984年）である。

この年は長州力率いる維新軍団が新日本プロレスを離脱する衝撃の事件があった。新日はどうなってしまうのだ？と中学生の私は心底心配した。すると『月刊ゴング』を読んだら猪木が「これで大掃除ができた」と言ったと知って仰天したのである。たしか記事には「俺たちはゴミだったのか」という維新軍団の反応も載っていた。そりゃそうだ。しかしこの言葉が忘れられないのは長州たち維新軍団の多くが数年後に新日本に戻ってきたからである。あれだけ言い合っておきながらこれは一体何だと思った。〝愛憎〟という言葉を体感で学んだ。「これで大掃除ができた」は苦しい時ほど逆を言ってみせる猪木の強がり、ひいては切なさを実感したのである。

もうひとつ浮かんだ猪木の名言は「お前ら、俺の首をかっ切ってみろ!」（1983年）だ。田園コロシアムでラッシャー木村と対戦して試合後に叫んだ言葉である。この日の猪木は3カ月ぶりの試合だった。6月2日におこなわれた第1回IWGP決勝戦でハルク・ホーガンに〝失神KO〟されて以来の復帰戦だったのだ。このときの猪木はホーガン戦の後遺症というより新日本プロレスに起きたクーデター事件の衝撃が大きい時期だった。猪木の個人事業「アントンハイセル」に会社の利益がつぎ込まれているとして猪木は社長退陣を迫られたのである。リングというより人生の大ピンチのなかでの復帰戦だった。なので試合後に向けたマイクアピールはラッシャー木村や次なる対戦相手だけではないように見えた。叫びの全文は「お前ら、姑息なことはするな。誰でもいい、俺の首をかっ切ってみろ!」である。この言葉はリング上も実生活もすべて地続きな猪木の本音そのものに聞こえた。

つまり猪木を見ることはドキュメンタリーを常に見ているということでもある。少年時代の私はたまにふと「猪木はなぜ今リングでプロレスをやっているのだ?」と不思議な気分になりながらプロレス中継を観ていたことがあった。それは猪木という特殊なジャンルを見せられているという感覚をなんとなく体感していたのだろう。それにしても「猪木」は長くて面白いドキュメンタリーだった。さて、あなたの好きな猪木の言葉は何ですか?

THE GREAT

GOTCH
STYLE
PILE
THE GREAT M

引退ができる資格、
ずっと笑っている刺客。
ともに80年代新日本入門で
ありながら初対談!

収録日:2023年6月7日
撮影:工藤悠平
試合写真:山内猛
構成:堀江ガンツ

KAMINOGE
NEVER-ENDING STORY

プロレスリング・マスター
武藤敬司
STRONG STYLE
鈴木みのる

「いまの夢はOBで運動会をやりたいんだよ。
50メートル走れる人は誰もいない気もするし、
10メートルくらいならいけるかもしれねえし」
「俺はまだ坂道ダッシュや階段ダッシュをやってますよ。
武藤さんは10メートルしか走れないけど、
俺は階段を走ってるから(笑)」

GOTCH
STYLE
PILE
THE GREAT MUTA

「武藤さんの引退試合はインチキしてタダで観たりしてない。ちゃんとABEMAコインを買って観ましたよ（笑）」（鈴木）

武藤　鈴木と会うのもひさしぶりだね。

鈴木　ひさしぶりだし、対談とかで話すのは初めてかも。

武藤　初めてだよ。記憶にねえもん。

鈴木　武藤さんと同じ団体にいたのって、俺がまだ坊主頭の新弟子のときに新日本でちょっと一緒だっただけ。次に再会したのは、俺が武藤全日本に殴り込みに行ったときで、そこからは敵対状態なのでいっさい話もしてないし。

武藤　だからタッグすら組んだことねえよな。

鈴木　ないです。

――鈴木さんが新日本に入門したときって、武藤さんはスペースローンウルフ時代ですよね。1987年なので。

武藤　そうかな？

鈴木　俺が入門したとき、ちょうど武藤さんは映画を撮っていたんですよ。『光る女』を。

武藤　じゃあ、スペースローンウルフだ。ただ、もう昔のことはあんまり憶えてねえんだよ。だいぶ忘れちまってるからさ。かといって、もう引退したから未来の話もねえんだけどさ（笑）。

鈴木　じゃあ、いつの時代の話をするんだっていう（笑）。

――鈴木さんも大活躍された、武藤全日本時代だったらいいんじゃないですか。武藤さん引退前後から、また武藤全日本が再評価されていますからね。いま各団体のトップで活躍している選手の多くは、武藤全日本にいた選手じゃないかってことで。

武藤　まあ、みんながんばっているっていうだけのことで。俺は引退して、ちょっとプロレス界と距離ができちゃっているから、いまの情報に疎いんだよ（笑）。

鈴木　俺もしばらく武藤さんの動向っていうのは雑誌でチラッと見る程度だったんですけど、今年の正月の（中邑）真輔とやった試合と、ドームの引退試合はテレビで観ています。

武藤　えっ、観たってPPVで観たの？

鈴木　PPV買いましたよ。

武藤　おー、まいどあり！

鈴木　インチキして、タダで観たりしてないんで。ちゃんとABEMAコインを買って観ましたよ（笑）。

武藤　本間（朋晃）なんかはタダ券をもらってドームに来たっていうからな。たぶんテレビ朝日か武田（有弘＝サイバーファイト取締役）にタダ券をねだったんだろ。

鈴木　昔は俺も「タダで観れないか」っていうことばかり考えていたんだけど、いまは逆にタダでは観たくない。カネを払うからこそ、自分のものとして観られるっていう感じがありますよ。

武藤 あっ、そう？　俺はプロレスを39年やって、カネ払ってプロレスを観たことは1回もないよ（笑）。

鈴木 なんなら俺は新日本の有料動画サイトも、自分で会員登録して、カネ払って観ていますからね。

武藤 素晴らしい顧客じゃん（笑）。

鈴木 そんな月1000円かそこらで借りを作るのも嫌だしね。

武藤 馳（浩）なんかは娘が清宮（海斗）のファンで、普通にチケットを買って娘と一緒にノアを観ているらしいよ。控室にも来ないでさ（笑）。

――そこは政治家として金品の授与は受けないという（笑）。鈴木さんが2・21東京ドームのPPVを買ったというのは、やはり武藤さんの引退を見届けたい思いがあったわけですか？

鈴木 やっぱり観ておこうと思ってね。

武藤 いつか自分が引退するときのために観ておいたほうがいいっていうこと？

鈴木 いや、そういうのとはまた違うんだよな。あと、ついでにNOSAWA（論外）も一緒に引退したんで。

武藤 そうか。NOSAWAとも仲がいいもんな。

鈴木 これで観なかったら、「えっ！　観てないんですか！」ってアイツなら絶対に言うと思って。

――で、鈴木さんはPPVを観た感想はいかがですか？

鈴木 東京ドームで引退できるって幸せだなって思いましたね。

武藤 そうだな。幸せだったよ、なんだかんだ言ってね。

鈴木 俺自身は引退する気はまったくないんですけど、よく藤原（喜明）さんと会うと、こういう話になるんですよ。「引退できるって幸せなことだぞ」「引退できるってことは、それでも生きていけるってことだから」って。だから俺は引退はないだろうなって。

武藤 えっ、生きていけないの？

鈴木 生きていけないですねえ。プロレスをやってなかったらたぶん生きていけない気がする。

「鈴木とはほんの短い期間、同じ釜の飯を食ったけれど、レスラーとしての生い立ちや生き方は全然違ったよな」（武藤）

――それは金銭的というより、生きがいがなくなるってことですよね。

鈴木 この歳になって、いまさらにプロレスがおもしろくなってきてるんで、「辞めたくないな」としか思わないです。

武藤 それは大きなケガがないからだよ。俺はケガがあったからダメだった。昔からヒザをケガしてて、今度は股関節にも来ちゃったから。

──鈴木さんはいまだにヒザにリポーターひとつしていないですもんね。

鈴木　サポーターはあまり好きじゃないんで。あとは趣味程度に格闘技のトレーニングはずっとやっていて、なんかそれが調子いいんだよね。

武藤　そういう練習を続けるっていうのはいいじゃないの。コンディションもよくなるし、ケガの予防にもなるだろうし。

鈴木　練習することで身体が固くならないというか、どんどんやわらかくなってるんで。

武藤　俺はそういう練習も怖くてできないからな。ウェイトなんかは現役時代と変わらず続けているけどね。

──武藤さんと鈴木さんは、凄くキャリアが離れているようなイメージもありますけど、じつは武藤さんは1984年入門&デビュー、鈴木さんは1987年入門で1988年にデビューなので、入門は3年しか違わないんですよね。

武藤　ただ、俺の場合はデビューして1年で海外に行ってるんで、鈴木が入ってきた頃は、もう猪木さんと組んでメインイベントとかやっていたから。

鈴木　武藤さんだけ、飛び抜けて出世が早かったんですよ。俺が入ったとき、蝶野（正洋）さんが寮長でしたから。寮にも合同練習にもいなかったけれど（笑）。

──寮にいない寮長（笑）。

武藤　だから鈴木とはほんの短い期間、同じ釜の飯を食ったけれど、レスラーとしての生い立ちや生き方は全然違ったな。船木とも全然違う。ホント違ったよ。

鈴木　俺は新日本でデビューして、1年経たずにUWFに移籍しちゃいましたからね。

――新日本時代はほぼ接点がありませんでしたか？

鈴木　ないこともないけど、思い出せることはそんなないな。

武藤　新日本では試合したことねえよな？

鈴木　ないです。

――鈴木さんがデビューしたのは、武藤さんが2度目の海外遠征に出たあとですもんね。

武藤　あっ、そうなの？

鈴木　だから俺がデビューしてから武藤さんに会ったのは1回だけですよ。闘魂三銃士が屋根がない頃の有明コロシアムに帰ってきて（1988年7月29日）。

武藤　あー、1日だけ帰ったときか。

鈴木　あのとき、山田（恵一）さんがドン・中矢・ニールセンと異種格闘技戦をやるっていうときでセコンドに付いたんですけど、あれがデビューして1カ月くらいですから。

――新弟子時代、鈴木さんから武藤さんに「練習、お願いします！」みたいなことはなかったんですか？

鈴木　あっ、誰も相手してくれない練習に武藤さんだけ付き

合ってくれたっていうのは憶えてる。

武藤　俺は憶えてねえや。

鈴木　要はセメントの練習を先輩は誰も俺とやってくれないのに、武藤さんだけは「おい、来いよ」ってやってくれたんですよ。それで延々と同じ技で取られて（笑）。

――腕十字ですか？（笑）。

鈴木　腕十字だね。その都度「クソーッ！」と思って。武藤さんは憶えてないんだ（笑）。

武藤　まあ、昔の新日本道場はそういう練習もやらされたからさ。半ば強引にというか。率先してやっているヤツもいたし、蝶野みたいに率先してやらねえヤツもいたり（笑）。

――率先してイチ抜けして（笑）。

鈴木　だから新日本時代の武藤さんとの接点って、それぐらいですよ。次はもう20年後くらいの全日本なんで。

武藤　だから昔の新日本っていうのは、始まりは同じでもみんなそれぞれの道を歩いていくよね。おもしろいもんだよ。レスラーをやってると、ときどき選択肢が生まれて、その都度自分が歩いていく道を選ばなきゃいけない。俺もいっぱい選択肢があって、時には間違えと紙一重の選択をしたこともあったけど、運がよかったのか、いい形で現役を終えることができたよ。

――武藤さんがＳＷＳに行っていたら全然違っていたでしょうし、新日本から全日本に行かなくても大きく違ったでしょうね。

武藤　全日本だって自分が選んだ道だけど、苦労もあったからね。団体を続けるためには常に新しいネタを作らなきゃいけないわけで、それで鈴木にもオファーしたわけだから。同じ顔ぶれだけでやっていてもしょうがないし。

「和田京平さんに『一度、元子さんに挨拶できませんか？』って言ったら、『元子さんは会いたくないってよ』って言われた（笑）」（鈴木）

――鈴木さんが全日本に上がるようになるきっかけはなんだったんですか？

武藤　最終的には俺が電話で話したんだけど、その前に誰かと話してるんだよね？

鈴木　はい。最初は代々木第一体育館でＫ－１（ＦＥＧ）がやってた『ＷＲＥＳＴＬＥ－１（ＧＲＡＮＤＰＲＩＸ２００５）』に上がったんですよ。シングルのトーナメントでグレート・ムタも出ていて。

武藤　あー、やったな。上井（文彦）さんがやってたやつだよ。

鈴木　そのとき、俺はデビューしたての諏訪魔とやったんですけど、その会場で全日本の関係者に「全日本に来ませんか？」って言われて。

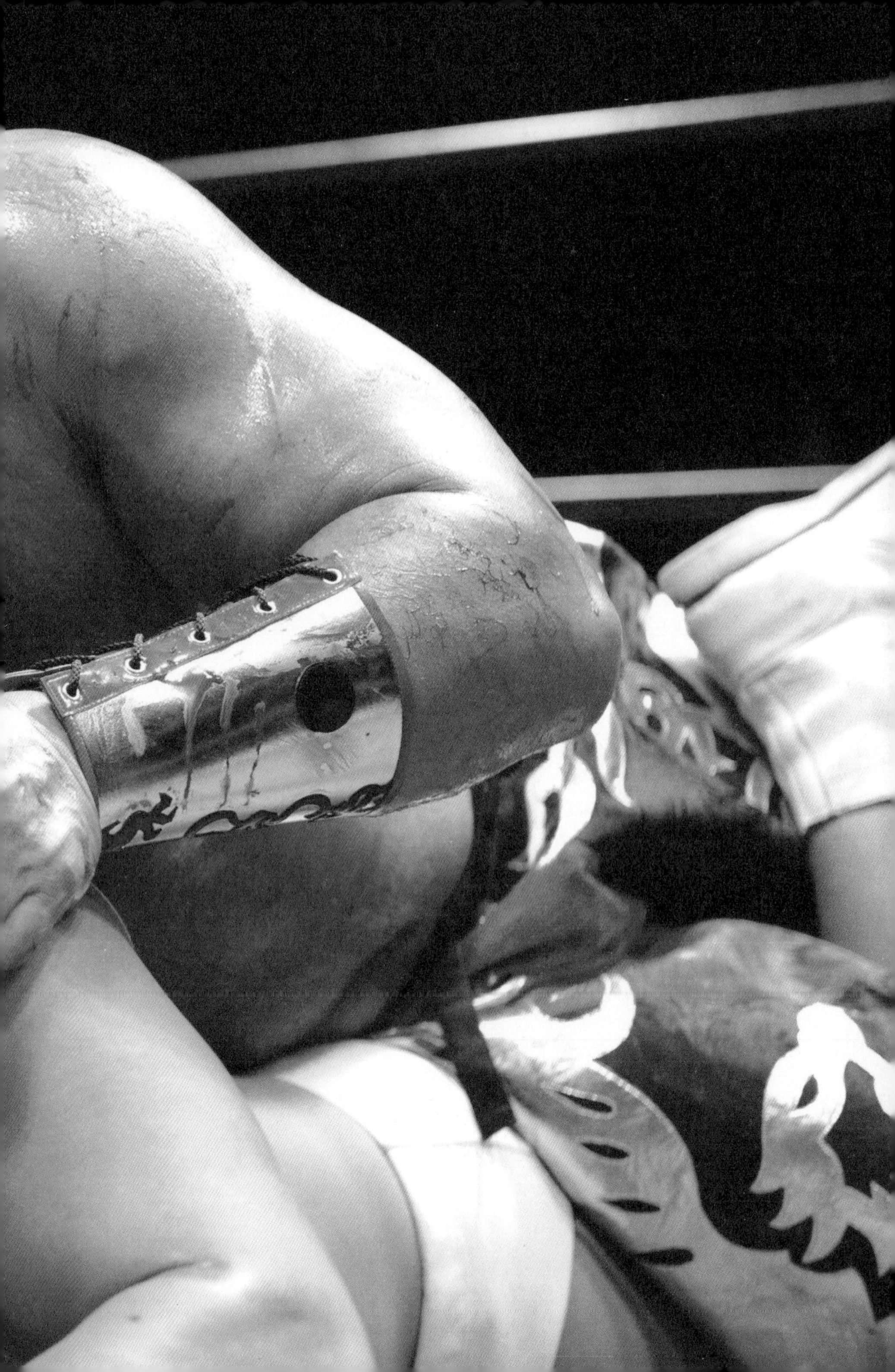

ONE
IMPAC

武藤 そのときはどこ所属だったの？
鈴木 フリーですね。でもノアを中心に上がってました。
武藤 ノアではいい扱いだったの？
鈴木 普通ですね。ただ、小橋（建太）と武道館でタイトルマッチをやったり、秋山準とやったり、タッグのタイトルマッチをやったりして。自分のいまのスタイルを形成する大きなきっかけにはなったんですよ。
武藤 ノアで1回信用が生まれたわけだな。
鈴木 おもしろいもので、格闘技の世界から約10年ぶりにプロレスの世界に戻ってきて、最初は正直言ってどうしていいか何もわからなかったんですけど、高山（善廣）がいて、天龍（源一郎）さんがいて、自分の中でプロレスに対するいろんな考え方が生まれてきて。それでノアに行ったら、今度は三沢（光晴）さんがいて、小橋や丸藤（正道）といった、それまでの自分とまったく発想が違うプロレスラーに触れることで、いろんなものが自分の中に入ってきて。そのタイミングで武藤全日本に呼ばれて行ったら、一気に自分のプロレスの形ができた感じがありましたね。
武藤 それは全日本も一緒かもしれねえな。俺が新日本から全日本に移って、試行錯誤しながらいろんなことをやってきたんだけど、鈴木が来る前ぐらいまで、すげえ苦しかったんだよ。でも鈴木とかが来たぐらいから成長期に入っていったよな。

——いい意味で馬場さん、元子さんの色が薄くなって、武藤全日本オリジナルの形が完成したような時期でしたよね。鈴木さんが全日本に出始めたのは2007年でしたっけ？
鈴木 2006年。その年に三冠（ヘビー級選手権）を獲って、プロレス大賞のMVPも獲って。
武藤 その頃は毎年のように全日本に上がってるヤツがMVP獲ってるんだよ。鈴木が獲る前に小島（聡）が獲ったり、あと（佐々木）健介も獲ってる。俺も新日本に上がりながら獲ってるしね。だから全日本にはそういうソフトを作り上げる器量はあったんだよ。
鈴木 三冠で思い出したけど、札幌（メディアパークスピカ）で太陽ケアから三冠獲ったあと、3本のベルトをリング上や控室に戻る花道で振り回してたんですよ。それで控室に帰ってきて座ったら、まず渕（正信）さんが控室に怒鳴り込んできて「てめー！　このベルトは鶴田さんが巻いていたもので、こっちは馬場さんが……」って凄い説教されて。俺も「これは俺の仕事なんだよ。オメーが文句言うんじゃねえ、帰れ！」って言い返して、凄い大喧嘩になったんです。それで渕さんが控室から出て行ったあと、数秒もしないうちに武藤さんが入ってきて「おい！」って言ってきたんで、「また言われんのかよ……」って思っていたら「おい、あまりやると客に当たったら危ないだろ。気をつけろ。また問題が起きるだろ」って言われて、「あっ、そっちなんだ!?」と思って、ちょっと安心したのは忘れないですね（笑）。

――ベルトよりも器物破損や傷害にならないかを心配して（笑）。

武藤　俺もベルト自体にはそこまで執着はなかったんだよ。だけど最初に全日本に行って三冠を獲ったあと、『ゴング』かなんかで俺のベルト姿をスタジオで撮ったんだよ。そこには元子さんも一緒に来てたんだけどさ、3本のベルトを地べたに置いてポーズを取る写真を撮ったあと、俺がそのベルトをまたいだら元子さんがすげえ怒っちゃってさ。ベルトを地べたに置いたことにも怒っていて、すげえ信仰の仕方だなと思ったよ。

――まさにベルト自体が信仰の対象という（笑）。

鈴木　だから渕さんが怒鳴り込んできたときもそんな感じだったんですよ。

――あのベルトは馬場家の持ち物ですもんね。

武藤　もうボロボロなんだよ。

鈴木　後日談として、そのあと和田京平さんに頼んで「一度、元子さんに挨拶できませんか?」って言ったら、「元子さんは『会いたくない』ってよ」って言われました（笑）。

――対面拒否（笑）。

鈴木　「あっ、そうですか……」って（笑）。

武藤　だけど俺もベルトを獲ったときにエビの腹みたいに身体じゅうに巻きつけて入場してさ。それは元子さんも許してくれたんだよな。

――身体中に巻きつけていましたよね。

鈴木　それは一応巻いてるからじゃないですか?（笑）。

武藤　巻いてるからかな?「怒られるかな」と思ったんだけど、あれは許してもらえたよ。

「俺のプロレス観は若い頃に経験したアメリカがベース。いま鈴木がやってることはすげえいいし、それが本来のプロレスだよ」（武藤）

鈴木　でも俺は子どもの頃にテレビで観て知ってるんですよ。三冠を統一する流れのなかで天龍さんがベルトを投げつけて鉄柱に当たって、UNのベルトがベコッと曲がってるですよ。

武藤　あっ、たしかに曲がってたよ、あれ。

鈴木　あれは天龍さんが曲げちゃったんですよ（笑）。

武藤　あのベルトっていまどこにあるのかな?　売ったら高く売れるだろうな。

――おそらく馬場さんの肖像権なんかを管理している元子さんの親族じゃないですかね。「ジャイアント馬場展」とかで展示されていましたから。

武藤　あれは財産だよな。あれを持って『なんでも鑑定団』に出たらさ（笑）。

――闘道館の館長が鑑定してくれて（笑）。

武藤　だけど俺も若い頃「新人類」とか言われて、いろいろ新しいことをやってきたけど、さっきの三冠ベルトの話じゃないけど、古いことを重んじるのも好きだったんだよ。だからそのあと、名前だけは三冠王座だけど、ベルトを作り直して一本にしちゃっただろ。そういう歴史を重んじないプロレス界って嫌なんだよ。新日本もＩＷＧＰのベルトをいままでの歴史を踏みにじってどんどん変えていったろ。それが外国にはないんだよ。古いものを尊重しながら新しいものを作っていく。だからアメリカなんか、古い建物がすげえ残ってんじゃん。

――世界一の大都会であるニューヨークは築１００年以上のビルがざらにありますもんね。

武藤　今年、俺はＷＷＥのホール・オブ・フェイム（殿堂）に招かれたけど、アメリカ人なんかは「先祖から代々受け継ぐことでいまがある」っていう感覚をみんな持ってるよね。

鈴木　たしかにそれはアメリカ人のほうが持ってますね。

武藤　日本人や日本のプロレス界は、どうして過去の歴史を大事にしねえのかなって思うよ。猪木さんでさえ抹消しようとしてる雰囲気だもんな。こないだ俺が新日本の１・４東京ドームに出たとき、猪木さんの追悼をタイトルに掲げた大会だったのに、追悼試合が1試合目か0試合目だったよね？

鈴木　あー、第0試合でしたね。アントニオ猪木メモリアルマッチが。俺もそこに出ましたよ。

武藤　看板は「メモリアル」だってやってて、「0」はねえだろって。だったら俺の試合はうしろのほうで組まれてたけど、そっちと代わってあげたかったよ。そのほうが早く帰れるしさ（笑）。

鈴木　たしかにあの日、俺は早く帰った（笑）。

――鈴木さんが全日本に来たときは、歴史を重んじる当時の全日本に異物が入ってきたからおもしろかったわけですよね。

武藤　ファンは自分の好きな世界を壊されるのを嫌うからな。俺が全日本に移ったばかりのときも、全日本のファンからすげえブーイングだったよ。「乗っ取りに来た！」って。

――新日本所属として全日本に出ていたときは大歓迎されていたのに。

武藤　それが所属になった途端、超ブーイングだよ。人の心理はおもしろいもんだよ。

――実際、古い全日本ファンに拒絶されながら武藤さんは全日本を新しく作り変えていき、武藤全日本の形が固まった頃に鈴木さんが来たわけですよね。

鈴木　それで今度はその矛先が俺に向いたっていう（笑）。

武藤　俺のプロレス観っていうのは、若い頃に経験したアメリカのプロレスがベースになってるんだよ。昔はフロリダ、テキサス、テネシーとかテリトリーがいっぱいあってさ、そこに地元のベビーフェイスがいて、ヒールはたとえばテキサスで2年くらいやったら、そのあとフロリダでまた2年やったりとか、その繰り返しだよ。そうすると「あのヒールいいぞ」っていう評判になって、次はテネシーから呼ばれたりとかさ。当時はまだテレビの全米放送もないからさ、2年ごとぐらいのフレッシュな外敵として各地を回れたんだ。鈴木もそれに近い感じのことを日本でやったよな。ノアでしばらくやったあとに全日本に来て、全日本で一巡したら今度は新日本に行ったんだから。

——プロデュースする側の武藤さんは、最初から数年使うつもりで鈴木さんを呼んだわけですね。

武藤　そうだね。外敵ヒールっていうのは必要だからさ。身内だけじゃそれはできねえ。

鈴木　俺はプロレス界に入ってすぐにＵＷＦというか格闘技のほうに憧れて、そっちの道でずっとやってきて。武藤さんがやっていたアメリカのプロレスというのをまったく知らずにキャリアを重ねていたんですけど、いま50歳を過ぎてからひとりでアメリカを回ってるんですよ（笑）。

武藤　それ、おもしれえじゃん。

鈴木　そして、さっき武藤さんが言ったような地元のエース的なヤツと各地でやってるんですよ。

武藤　すげえいいことだよ。それが本来のプロレスだからね。

鈴木　いまになって「アメリカ、おもしろいなあ」って凄く思ってて。あとは武藤さんがいろんなところでしゃべってるような「アメリカのプロレス」という意味が少しずつわかってきた。やっぱり向こうのレジェンドたちと会ったりすることも多いんで、話をしてくれるんですよ。それによって「あー、なるほど」ってわかるようなこともたくさん増えてきて。まだまだわからないことも多いけどね、いまだ成長段階なんで（笑）。

「ブッチャーとは丸くなってからしか会っていない。俺はいつもそばにいたんだよ。いろんなプロレスの話もしてくれたし」（鈴木）

武藤　でも、その歳でアメリカを回れたらいいよ。俺も元気だったら、そういうことをしたかったよな。

——武藤さんは全日本に移る前、アメリカでもう一度勝負しようとしていたんですよね。ところがＷＣＷが傾いてしまったので、日本に戻ってきたっていう。

武藤　そうそう。それで猪木さんに呼ばれてな。

——第1回の『ＩＮＯＫＩ　ＢＯＭ-ＢＡ-ＹＥ』（２０００年

12月31日、大阪ドーム）ですよね。鈴木さんがフリーのヒールとして、いろんなところを渡り歩くようになるのに、武藤全日本でGURENTAIをやったのは大きかったんじゃないですか？

鈴木　まあ、ぶつかったり、何か問題を起こしたりっていうのもいろいろあったけど（笑）。

武藤　いくら鈴木ひとりががんばっても、巡業となると毎日シングルをやるわけにもいかないし、やっぱり徒党を組むことによってストーリーも作りやすいからね。RO&Dを作ったのもそうだよ。

鈴木　そういえば、おととしくらいにアメリカでRO&Dにいたディーロと会いましたよ。ディーロはラスベガスでセキュリティをやっているって言ってた。

武藤　俺が今回、ホール・オブ・フェイムでロスに行ったときにひとりの若者が挨拶してきてさ、聞いたらブキャナンの子どもだったんだよ。あとスタイナー・ブラザーズの子どもがいたり、みんな俺ら世代の二世ばっかだよ（笑）。

——あと鈴木さんは全日本で、アブドーラ・ザ・ブッチャーと組んで「最強タッグ」に出場していますよね。

武藤　ブッチャーはまだ生きてるかな？

鈴木　死んだとは聞いていないですね。

武藤　ブッチャーが最後に日本に来たときは大変だったんだから。飛行機から降りられなくてさ。

——リングにも上がれなかったですよね。

武藤　場外にブルーのマットが敷いてあるじゃん。あのわずかな段差でも足が上がらないんだから。たまらないよ（笑）。そのとき俺はタッグパートナーなんだけど、アイツだけリングサイドにずっといるんだよ。

——わざわざタッグパートナーが対戦相手の顔をロープの外に出して、そこにブッチャーが場外から地獄突きをやるっていう（笑）。

武藤　そうそう。大変だったよ、あれは。

鈴木　俺と組んだときも、もうほとんど動けなかったからね。よく「最強タッグ」に出たよね（笑）。

武藤　だけどブッチャーも昔ながらのレスラーでさ。俺もいろんなところで会ったよ。プエルトリコでも会うし、テキサスに行ったときも会ったりして。それでさっきのヒールの話じゃないけど、ブッチャーとかアイツらは地元のエースなんかとやりながら、ビッグショーを転々とするんだよな。俺が新弟子のときにブッチャーが新日本に来ていて、「ブッチャーさん、失礼ですけどおいくつですか？」って聞いたんだよ。そうしたら「63だ」って言っててさ。それでプエルトリコかどっかでまた会ったときに「えっ、いまいくつになったんですか？」って聞いたら、また「63だ」って言ってたよ。永遠

に63なんだよ（笑）。
――ブッチャーって世代的に戸籍も怪しくて、本当の年齢がわからないんですよね。出生からして「諸説あり」っていう（笑）。
鈴木　ブッチャーと組んでるとき、地方に行くとよく「居酒屋に行こう」って言われたんですよ。
武藤　アイツ、ケチで有名なんだよ（笑）。
鈴木　いや、俺と組んでいたときはそんな感じじゃなかったですね。「おまえ、ひとりでいいのか？　ほかのヤツも呼べよ」って言われてMAZADAを連れて行ったりもして。それで居酒屋にいる60歳くらいの店員のおばちゃんを口説き始めて、「俺のここに乗れ！」って自分の膝の上に座らせて（笑）。
――元気ですねえ（笑）。
武藤　鈴木といるときは、仲間ができてうれしかったのかもしれないな。ブッチャーが全日本に来たときは、いつもひとり会場の隅のほうにドレッシングルームを作っていたからね。控室じゃなくて常に単独行動していたんだよ。どういう理由なのか知らないんだけど。
――人種差別のことがあって、昔からそうなんだって京平さんが言っていましたね。やっぱり外国人レスラーも白人同士でグループを作っちゃうから。それで後楽園だったら階段の踊り場に自分だけのスペースを作るって。
武藤　そうなんだよ。
鈴木　苦労してるんだな。俺はブッチャーが丸くなってからしか会ってないからさ。逆に「おい、ここに来いよ。隣でいいぞ」って言われていつもそばにいたんだよ。いろんなプロレスの話もしてくれたし。
武藤　ブッチャーは俺が若い頃に全日本から新日本に移籍してきたんだよ。それで俺の同期の偽物のブッチャー、橋本（真也）がさ……。
鈴木　偽物と言えば偽物、本物と言えば本物だし（笑）。
武藤　ある日、橋本が（ドン）荒川さんか誰かに焚きつけられてさ、ブッチャーが場外戦やってるとき、本気で蹴ったんだよ。アイツ、新弟子でセコンドなんだよ？（笑）。
――荒川さんに「ブッチャーは悪いヤツだからやっつけろ」と言われて（笑）。
武藤　それで試合中のブッチャーを蹴飛ばして、すっげえ怒られてたよ（笑）。
――メインイベンターのトップ外国人選手に新弟子が襲いかかってるんですから、デタラメすぎますね（笑）。
鈴木　デタラメだよ。橋本さんもデタラメだけど、焚きつけた人もまたさ。
武藤　そうそう。荒川さんはデタラメだったな～！

「プロレスっていうのはさ、ボキッと折れるわけじゃなくて、雨のしずくが垂れて穴があくように壊れていくからさ」(武藤)

――鈴木さんも荒川さんと一緒だった時期ってあるんですか?

鈴木 もちろん。俺が入った頃はまだ新日本に荒川さんはいたからね。俺がいちばん下っ端だったんで、「おい、ちょっと運転してくれ」みたいなことはよくありましたよ。

武藤 じゃあ、荒川さんの指導で練習したこともある?

鈴木 ありますよ。変なラインダンスみたいなのを。

武藤 おー! 鈴木の世代もやったんだ。俺もやったよ(笑)。

鈴木 昔のキャバレーでやるようなダンスをやらされて。あとは多摩川土手で野球をやったりとか、全然プロレスと関係ない練習(笑)。延々と相撲やったり。

――相撲が好きなんですよね。また自分が強いから。

鈴木 それももう35年前、大昔の話だよ。

武藤 荒川さんも死んじゃったもんな。

――お相撲といえば、鈴木さんが全日本に上がっていた頃は、元横綱の曙さんもいましたよね。

武藤 いた?

鈴木 いましたよ。一緒に組んで試合もしたし。

武藤 そっか、いたか。なんか鈴木は船木(誠勝)とよくやってたようなイメージがあったんだけど。

――船木さんがプロレスに復帰したとき、鈴木さんが相手でしたよね?

鈴木 そう、俺が相手。タッグマッチをやったんだよ。武藤さんの25周年だったかな?(2009年8月30日、両国国技館。武藤&船木vs蝶野&鈴木)。

武藤 そうそう。そのあと、鈴木と船木は金網(デスマッチ)をやったよね。船木とは仲が悪いの?

鈴木 いや、仲は悪くないですよ(笑)。試合で全部清算したんで。

武藤 ビジネスのいざこざを試合で精算した感じか。

鈴木 基本的には何もないですよ。船木さんがパンクラスを辞めてからは連絡も取らなくなっただけで。

武藤 あっ、船木が先にパンクラスを辞めたんだ。

鈴木 そうです。一度引退してパンクラスも辞めて。それで疎遠になったんで、みんなが「仲が悪い」って言っていただけで、仲が悪いも何も会ってなかったんで。

武藤 パンクラスが最初に出てきたときは、なんかいい風が吹いてたっていうか、いけるんじゃないかっていう感覚があったけどな。

鈴木 あのとき、俺はまだキャリア5年で25歳ですからね。船木さんも同い年だし、もうなんでもありですよ。

武藤　衝撃だったもん。いつも2、3分で試合が終わっちゃってさ。

鈴木　もともとそんなに早く終わるとは思ってなかったんですよ。やってみたらすぐ決着がついちゃって、それを雑誌が「秒殺」って書いてくれて火がつきましたね。

武藤　最初はよかったんだから、途中でもうＰＲＩＤＥみたいにしちゃえばよかった気もするけど。

鈴木　そこがうまく切り替わらなかったんですよ。

武藤　そうすればＰＲＩＤＥじゃなくて、パンクラスが時代をつかんでたかもしれねえよな。

鈴木　でも、あの試合形式で毎月試合をすると身体がどんどん壊れていって、選手もどんどん抜けていっちゃったんですよ。

――それこそＰＲＩＤＥが始まった頃には、鈴木さんも船木さんも身体がボロボロでしたもんね（笑）。

鈴木　もうリングに上がれるような状態ではなかったね（笑）。だから最初に引退を意識したのは20代後半だもん。30歳になるくらいには「もう引退かな」と思っていたんで。

武藤　俺だって24歳のときにヒザを手術したからね。そこから徐々に悪くなっていったんで。プロレスっていうのはさ、ボキッと折れるわけじゃなくて、雨のしずくが垂れて穴があくように壊れていくからさ。

――じわじわと（笑）。

鈴木　じわじわ、じわじわ（笑）。

武藤　それがこたえるんだよ。これがボキッと折れてたらさ、できねえからやらなくて済むんだけど。多少動けなくてもやっていかなきゃいけねえもんな。

鈴木　それでまたやれちゃうからね。だからいま俺は、とにかくコンディショニングには気をつけてますよ。

「活躍しているかどうかわからないけど仕事はあるんで。イギリス、アメリカ、今度はオーストラリアにも行きますよ」（鈴木）

武藤　だけど傍目から見ていて感じるのはさ、さっきの新日本は歴史を重んじないっていう話の延長で、変な話、いま永田（裕志）とか小島（聡）が外に出て光り輝いても、新日本に戻るとよどんで見えちゃったりもするじゃん。そんななかで鈴木とかの立場も意外と苦しいんじゃないの？

鈴木　いまフリーなのは俺だけなんで。

武藤　あっ、フリーなんだ？　っていうことは、どこでも上がってもいいっていうことか。

鈴木　はい。だから新日本以外にもいろんな団体に出てるんで。最近、インディーもやっと元気になってきたから、そっちに出たりしてますね。

武藤　それで新日本からも前もって「こことここは出てくだ

MUTA

さい」みたいな感じ？
鈴木　そうですね。
武藤　それならいいよな。
鈴木　プロレスに復帰してから一度もどこの所属にもならずに、とりあえず食えてるんで。
武藤　そこは俺と生き方が全然違うよ。俺はなんか知らねえけど全日本の経営者になっちゃって、そこから今度は人材育成をしなきゃいけないからってことで育成して、なんだかんだで親が悪いのか、子は勝手に育っちゃうからな。いまの新日本のチャンピオンのＳＡＮＡＤＡは俺の弟子だし、ノアのチャンピオンのジェイク・リーだってそうだし。それと全日本の三冠持ってる永田だって俺の付き人やってるしさ。いまのチャンピオンはみんな俺が関わってるよ。
――武藤チルドレンだらけですよ。
鈴木　武藤チルドレンで思い出したけど、武藤さん、ブルート一生って憶えてます？
武藤　あっ、アイツ、どっかでプロレスやってるらしいよ。
鈴木　北海道でやってるんですよ。こないだ一生に会って「出てください」ってオファーを受けたんで、今度行ってきますよ。北海道のキャンプ場でやるフェスのプロレスに（笑）。
武藤　ちゃんとギャラが出るのかよ。大丈夫か？（笑）。
鈴木　たぶん出ると思います（笑）。アイツ、障害者の方々の雇用を作るために会社を立ち上げて、仕事をさせて、また仕事を増やすためにもう1個の会社を買収してっていうのを繰り返して、今度はキャンプ場を作ってそこで働かせていて、こないだは「川を買った」って言ってましたよ。
武藤　アイツは栃木とかあっちのほうで介護の仕事をやっていたんだよ。その会社が取られたとかで、今度は北海道に行ったんだよな。「引退試合を観に行きました」って、アイツから連絡が来たもん。
鈴木　それで仕事的には同じことをやってるって言ってましたよ。
――そうだったんですね。ブルート一生って身体が大きくて期待されていましたけど、ケガして2年弱で辞めちゃったんですよね。
武藤　俺はアイツを海外にも行かせてるんだよ。川○と一緒にカナダに行かせてさ。いま、なんて名前だっけ？
鈴木　川○、本名言っちゃってますよ（笑）。いまはＳＵＳＨＩですね。
武藤　あー、ＳＵＳＨＩだよ。カナダで一緒に生活させてたんだけど、アイツらすっげー仲悪くてさ。
鈴木　そうだったんだ（笑）。
武藤　でも、なんだかんだ言って、みんな生命力あるよな。あと、そうやって生きていけるプロレス界もたいしたもんじゃん。

──鈴木さんはいまや海外でもいろんなところで活躍していますしね。

鈴木　活躍かどうかわからないけど仕事はあるんで。プロレスに戻ってきたときに最初は新日本に抱えてもらって、ノアに定期参戦して、それから全日本に5年くらいいて。そうやっていろいろ回ってるうちにインディー団体からもオファーをもらえるようになって、いま同じ感覚でイギリスに来てくれとか、アメリカに来てくれとか。オーストラリアにも行きますよ。

「俺はもう60の還暦だけど毎日酒は飲んでるよ。それが生きがいだもん（笑）。うまい酒を飲むために練習とかやってんだから」（武藤）

武藤　じゃあ、月平均で何試合くらいやってる？

鈴木　10試合ちょっとじゃないですかね。

武藤　そんなにしてるの!?

鈴木　多いときは20試合くらいやってますよ。

武藤　メジャー団体の所属選手よりも試合してんじゃん。じゃあ、稼げてるよ。

鈴木　報道もされないような団体にも出てますんで（笑）。また今度、海外に行ってきますよ。

武藤　いま円が安いから、海外もカネを稼ぐにはいいんだけどさ、生活するとなると物価が高えから大変だよ。こないだ『レッスルマニア』のとき、招待されたんで家族みんなで行ったら、ホテルで朝食食っただけで2万円取られたからね（笑）。

鈴木　高いですよね。朝めしが7000円とかで（笑）。

武藤　そうなんだよ。俺は家族4人で行ったから2万円くらい取られてさ（笑）。

鈴木　だからアメリカに行くと、食事はホテルのスナックコーナーにあるサンドイッチと水以外は口にしないんですよ。それで2カ月くらい向こうにいると、凄く綺麗な身体になって日本に戻ってこられる。俺は外食もしないし、出かけもしないんで。

武藤　あっ、そうなの？

鈴木　向こうに着いたらホテルの近くでトレーニングをして、あとは試合をして、ホテルに戻ったらすぐ移動なので。その繰り返しですよ。

武藤　鈴木はあまり酒は飲まないのか？

鈴木　最近は飲まないですね。前はよく飲んでいたんですけど。酒を飲んで選手寿命を削るよりも長くやりたいなと思って（笑）。若いときはまったくわからなかったんだけど、いまになって寿命が削られてるってことがよくわかるんで。

──新日本やＵＷＦ系は90年代くらいまで、身体を壊すような飲み方でしたもんね（笑）。

鈴木　あれは若かったからできるんですよ。武藤さんはいまいくつですか？

武藤　ちょうど60だよ。還暦。だけど俺は毎日飲んでるよ。生きがいだもん（笑）。たぶん練習とかしてねえと酒もうまくねえんだよ。そのためにやってんだから。

鈴木　俺ももう60が見えてきちゃったからね。今月で55歳ですよ。でも普通に走りまわってるからいいかなと思って。

武藤　じゃあ俺が引退して、あと上にいるのは越中詩郎とかそのへんか？　でも、あまり試合してねえもんな。蝶野だって実質やってないし。

鈴木　俺はあと50年くらいやるんで大丈夫ですよ（笑）。こないだ代々木第一体育館でテーマソングのライブイベントがあったじゃないですか。

武藤　あったな、俺も出たよ。

鈴木　あのとき喫煙所で蝶野さんと一緒になって、「鈴木くん、凄いね」って言うから、「えっ、何がですか？」って聞いたら、「まっすぐ立ってるじゃん」って言われて（笑）。「俺もそうだけど、まわりはみんな杖をついてるか、ヒザか腰が曲がってるんだよ。凄いね。まっすぐ立ってるよ」って。

「俺はお金を払って観に来た客が『また来たい』と思って、次にまた来てくれればそれでいいんだから」（鈴木）

——新日本の50周年を武道館でやってOBが集結したときも、みなさん、入場してリングに上がるのが大変そうでしたもんね。

武藤　いまの俺のひとつの夢は、OBで運動会をやりたいんだよ。10メートル走とかさ。

鈴木　10メートル走！（笑）。

武藤　OBで50メートル走れる人は誰もいないよ。でも10メートルだったらいけるかもしれねえし。あとはドッジボールとかよ。なんかいろんなことしたらおもしろいだろ（笑）。

——それは『アメトーーク！』の「運動神経悪い芸人」よりもおもしろい番組になっちゃいますね（笑）。

鈴木　でも凄い危険。普通の人よりも壊れてるからね（笑）。

武藤　今日の日刊スポーツに谷津（嘉章）さんが出てたよ。社会人レスリングの大会に出るって。もしかしたら、あの人がいちばん速いかもしれねえな。片脚ないのにさ。

鈴木　ひどいこと言ってるよ（笑）。でも、たしかにいちばん速いかもしれない。悪くなってるところを取っちゃったからね。

武藤　たぶん、OB運動会をやったら谷津さんが優勝だよ（笑）。

――でも、そう考えると普通に第一線でやっている鈴木さんの元気のよさは凄いですね。

鈴木　まだ坂道ダッシュや階段ダッシュはやってますよ。

武藤　だけど鈴木。俺は人工関節を入れてから58歳のときに（プロレス大賞の）年間ベストバウトを獲ったからね。

鈴木　俺はベストバウトを1回も獲ったことがないんで。

――ＭＶＰはあるけど。

武藤　俺が獲ったのは58歳だから。

鈴木　俺が58になったら階段ダッシュをしてますよ。武藤さんは10メートルしか走れないけど、俺は階段を走ってるから（笑）。

――「武藤に勝った！」と（笑）。

鈴木　まあ、賞には縁がないけど、俺はお金を払って観に来た客が「また来たい」と思って、次にまた来てくれればそれでいいから。

武藤　それがいちばんだよ。まあ、鈴木にはがんばってほしいよ。このまま長く続けられるように。だけど伝説になるためにはほかのを蹴散らさなきゃいけないな。

鈴木　えっ、ほかっていうのはどこの？

武藤　同年代だよ。もう藤波（辰爾）さんとかは年に数回だけど、小島（聡）とかあのへんの世代がいるじゃん。

鈴木　要は50代くらいでまだ定期的に試合している選手ってことですね。まあ、そのへんは蹴散らしますよ。あと棚橋（弘至）がそろそろそのへんに手がかかってきてるんで、手始めに狙ってみるかな（笑）。

武藤　そうやって蹴散らされたレスラーを使って、俺は何かやろうかな？（笑）。

――『プロレスリング・マスターズ』復活ですかね（笑）。

武藤　そうなるよな。もしくはやっぱり運動会か（笑）。

鈴木　そのときはまたＰＰＶを買わせてもらいますよ。「運動会、ＰＰＶでやんのかよ！」って（笑）。

鈴木みのる（すずき・みのる）
1968年6月17日生まれ、神奈川県横浜市出身。プロレスラー。
高校時代、レスリングで国体2位の実績を積み1987年3月に新日本プロレスに入門。1988年6月23日、飯塚孝之戦でデビュー。その後、船木誠勝とともにUWFに移籍し、UWF解散後はプロフェッショナルレスリング藤原組を経て1993年に船木とともにパンクラスを旗揚げ。第2代キング・オブ・パンクラシストに君臨するなど活躍。2003年6月より古巣の新日本に参戦してプロレス復帰。以降プロレスリング・ノア、全日本などあらゆる団体で暴れまわる。2018年6月23・24日、横浜赤レンガ倉庫でデビュー30周年記念野外フェスティバル『大海賊祭』を開催し、大雨のなかでオカダ・カズチカと30分時間切れの激闘を繰り広げる。現在は新日本などの日本国内、そしてアメリカやヨーロッパなど海外でも活躍している。2023年2月11日、大阪府立体育会館でエル・デスペラード＆成田蓮とともにEVIL＆高橋裕二郎＆SHO組からNEVER6人タッグ王座を奪取し、新ユニット『STRONG STYLE』が正式始動した。

武藤敬司（むとう・けいじ）
1962年12月23日生まれ、山梨県富士吉田市出身。プロレスラー。プロレスリング・ノア所属。
柔道で全日本強化指定選手にも選ばれた実力をひっさげて1984年、新日本プロレスに入門。同年10月4日、蝶野正洋戦でデビュー。早くより将来のエース候補と目され、1985年11月にフロリダ州への海外遠征に出発。帰国後、UWF勢との抗争などを経て、1988年に再度海外へ。NWA（のちのWCW）でグレート・ムタとして大ブレイク。世界的な人気を博すことになる。新日本においてもIWGP王者、nWo JAPANとして活躍するが、2002年1月に全日本プロレスに移籍。全日本退団後はWRESTLE-1旗揚げや『プロレスリング・マスターズ』主催などをおこなう。2021年2月12日、潮崎豪を下し第34代GHCヘビー級王者となり、その3日後にノア入団を発表。2023年1月1日、グレート・ムタvs中邑真輔実現、1月22日、盟友スティングとのタッグ結成を経て、2月21日に東京ドームで内藤哲也、蝶野正洋との2連戦で現役を引退した。3月16日にはグレート・ムタとしてWWE殿堂入りを果たす。

バッファロー吾郎Aの
きむコロ列伝!!
Buffalo GoroA

第139回 煩悩短編小説2023バージョン

バッファロー吾郎A

バッファロー吾郎A/本名・木村明浩（きむら・あきひろ）1970年11月24日生まれ/お笑いコンビ『バッファロー吾郎』のツッコミ担当/2008年『キング・オブ・コント』優勝

『煩悩短編小説』とは煩悩の数である百八つにちなんで百八文字以内の超ショートショートである。オチをあえてフワッとさせているのが煩悩短編小説の特徴で、映画でたとえるならハリウッド映画というよりはフランス映画といった感じだろうか。

入院している時にひさしぶりに書いてみたのでココで披露させていただく。

［胴上げ］

世界大会で優勝し、選手たちが監督である私を胴上げしてくれる。

私の身体が何度も宙に舞って最高の気分だ。

しかし、宙に舞っている途中で自宅のエアコンをつけっぱなしだったことに気づいた。

早く家に帰りたい。

［やよい軒のごはんおかわり処にて］

私はやよい軒が大好きだ。ごはんのおかわりをセルフでできるのがいい。

その日もチキン南蛮定食で3杯目のおかわりをしようとごはんのおかわり処に行った時だ。そこで幼い頃生き別れになった母に出会った。

母も空の茶碗を持っていた。

［笹の葉］

七夕まつりで笹の葉に吊るされた短冊を見るのは楽しい。

向こうから女の子とやってくるのは同級生の上田だ。デートだからってラコステのポロシャツなんか着て……いや、胸のワンポイントはワニの刺繍ではなく笹の葉がついているだけだ。

［銭形警部］

「ココの警備はまかせたぞ」と言い残して去って行く銭形警部を見送っていると、逆方向からもうひとり銭形警部がやってきて、

「バカモーン！　そいつがルパンだ！」

と叫んだ瞬間、公園のハトが一斉に飛んで行った。

[中華街の決闘]

アイツは横浜中華街にいた。遂に父の敵討ちの時が来た。

飛び蹴りで敵を吹っ飛ばした俺は、右拳を思い切り握りしめて顔面を砕きにいったが、避けられた右拳はできたての小籠包に直撃してしまい、熱々の肉汁でヤケドをしてしまった。

[走り幅跳び]

心を無にしてスタートを切る。助走は完壁。加速してファールを恐れず思い切り踏み切り、空中を走るようにジャンプ、そして足を前に突き出して着地。砂まみれの状態で自己ベストを更新したことを確認したあとに私は座薬を入れました。

[幸せの青い鳥]

青い鳥を見つけた。

青い鳥を捕まえれば幸せになれる。必死で追いかけてもうちょっとで捕まえられそうだったのに、餃子の王将のヌルヌルした床でスベってしまい逃がしてしまった。

次の日、目を覚ますと家の鳥かごに青い鳥がいた。

[暴れ馬]

病院に暴れ馬が乱入！

私は今検尿カップを持っている！

[宣言]

俺より先に寝てはいけない。

俺より後に起きてもいけない。

めしは上手く作れ。

いつもきれいでいろ。

出来る範囲で構わないから。

たとえばわずか1日でもいい

俺より早く逝ってはいけない。

以上が今年のロボットコンテストのルールです。

[世界初のタイムマシン]

世界で初めてタイムマシンを開発したのは米国でも中国でもロシアでもない日本のとある企業。トヨタでもなければホンダでもない。世紀の大発明を成し遂げた企業はアイリスオーヤマ。

今のところ事件があまりない元禄時代にしか行けない。

[鳥]

全長2キロの大きな鳥がマンションの上を飛んでいるので洗濯物が干せない。

[砂浜]

誰もいない砂浜。

陽の光で水面がキラキラと光り、

波の音だけが聴こえる。

私は心地良い潮風を浴びながら思い切り大きな音の屁をこいた。

その瞬間、沖のほうでイルカが跳ねた。

[サソリ固め]

後楽園ホールでシングルマッチ。

私が敵にサソリ固めをかけられて痛みに悶絶していると謎のマスクマンが乱入し、私の頭にシロツメクサの華冠を乗せた。

レフェリーがカウントを取り始める。どうやら花冠は凶器とみなされたようだ。

ALLIANCE

HENTAIZADANKAI

玉袋筋太郎の変態座談会

TAMABUKURO SUJITARO

“W☆ING代表”

KIYOSHI IBARAKI

茨城清志

**世界でもっとも危険な団体W☆INGを
この極東の地で作った男が本誌初登場!!
過激なデスマッチでコアなマニアどもの
支持を得た90年代を淡々と振り返る!!**

収録日:2023年6月7日　撮影:工藤悠平　試合写真:山内猛　構成:堀江ガンツ

[変態座談会出席者プロフィール]

玉袋筋太郎（1967年・東京都出身の54歳／お笑い芸人／全日本スナック連盟会長）

椎名基樹（1968年・静岡県出身の53歳／構成作家／本誌でコラム連載中）

堀江ガンツ（1973年・栃木県出身の49歳／プロレス・格闘技ライター／変態座談会主宰者）

[スペシャルゲスト]茨城清志（いばらき・きよし）

1951年3月2日生まれ、元W☆INGプロモーション代表。
『週刊プロレス』の前身だった『プロレス＆ボクシング』の編集部（ベースボール・マガジン社）でプロレス界でのキャリアをスタートさせる。同社退社後はアメリカに渡り『ゴング』などで海外通信員として活躍。昭和50年代に誌面に掲載されていた海外の試合写真の大半は氏が撮影したもの。東京スポーツの特派員も務めたのちに帰国してジャパン女子プロレスの設立に渉外担当として参加する。その後は全日本女子プロレスに入社。全女退社後の1989年に大仁田厚とともにFMWを旗揚げする。そして1991年に世界格闘技連合W★INGの旗揚げに参加。しかし旗揚げ早々に方向性の違いを理由とした分裂騒動が勃発しW★INGプロモーションを設立。同年12月10日の後楽園ホール大会を「W★INGの事実上の再旗揚げ戦」としてミル・マスカラスを招聘するなど破天荒なプロレスの幕開けを告げた。FMWを超える過激なデスマッチ路線へと進んでコアなマニア層の支持を受けるようになったが、1994年にW★INGプロモーションは崩壊。文字通り伝説の団体となった。

adidas
WING

「茨城さんといえば遅刻の常習犯のイメージがあって、W☆INGも開始時間の遅れが恒例だったけど、今日は俺が遅れて来ちゃった」(玉袋)

玉袋　どうも茨城さん、はじめまして玉袋です！　遅くなっちゃってすみません。

茨城　いえいえ、俺なんかを呼んでいただいてありがとうございます。

玉袋　ボクもW☆INGはさんざん楽しませてもらいましたから。

ガンツ　玉さんは90年代、W☆INGのTを着てテレビに出ていましたもんね。

玉袋　そうそう。ミスター・ポーゴとかヘッドハンターズとか、釘板デスマッチをデザインした「釘」だけのTシャツとかね。たぶん、あのTシャツを着てテレビに出たのは、俺たち浅草キッドだけだと思う。

椎名　テレビ史に残りますね(笑)。

玉袋　あのTシャツのデザインをやっていた人が友達なんですよ。植地(毅)くんっていう。それで俺たちもW☆INGTシャツを着てたんだけど、ずば抜けてたよね。

茨城　いまは私もW☆INGのTシャツを売ってるんですよ。いまだにほしがるファンがいてね。

椎名　プロレス会場以外でも着られるプロレスのTシャツって、W☆INGが最初ですもんね。

玉袋　ジャイアントサービスなんて外じゃ着れないよ。かといって、俺はnWoTのシャツも着たことがない。やっぱW☆INGなんだよな〜。IWAのほうの中牧昭二Tシャツはダサかったから。

椎名　IWAに植地は入っていなかった(笑)。

玉袋　それにしても、茨城さんと言えば遅刻の常習犯のイメージがあって、W☆INGといえば開始時間の遅れが恒例だったけど、今日は俺が遅れて来ちゃったというね(笑)。

ガンツ　「茨城さんが遅れた」っていう情報は、なぜか当時の週プロによく書いてありましたからね(笑)。

玉袋　遅刻と遅配ね(笑)。

茨城　まあ早く行くっていうことはないんですけど、そんなに遅れることもないんですよ。

玉袋　それは誰かが話を盛ったのかな?

茨城　オープニングの入場式が遅れるっていうのはよくあったんだけど。それは選手にはちゃんと言ってあるのにグズグズしてるから遅れちゃうんですよ。

玉袋　ファイヤーデスマッチをやった船橋オートレース場の試合進行も凄く遅れてましたからね。俺たち浅草キッドと高田文夫先生は「人間焼肉デスマッチ」という煽り文句を聞いて、叙々苑の前掛けをして箸を持って試合開始を待ってるのに、全然始まんねえんな、オイって（笑）。

茨城　あのときはデブふたり、ヘッドハンターズが飛行機を間違っちゃったんですよね。前日到着予定が、当日到着の便に乗っちゃって、それで遅れたんですよ。

椎名　成田から船橋に直行だったんですね（笑）。

玉袋　ヘッドハンターズが池袋のアパートでふたりで住んでたっていう伝説がありましたけど、あれは本当なんですか？

茨城　あれはビクター（・キニョネス）が小さなアパートを借りていたんですよ。シリーズとシリーズの間が短いときは、そこにデブふたりも泊まってて。普段はグッズが入った段ボール置き場になっている狭い部屋なんだけど、そこに3人で寝てたんですよ。

椎名　6畳ぐらいのアパートですか？

茨城　いや、6畳ないんじゃないかな？

椎名　そんな狭いところにヘッドハンターズとキニョネスが寝てるんですか（笑）。

玉袋　いいよな、あのデカい双子が狭い部屋に重なり合って寝てるって。早すぎた〝幽体離脱〟だよ（笑）。

椎名　プエルトリコのザ・たっち（笑）。

茨城　時期はちょっとずれるんですけど、ジプシー・ジョーが来たときは俺のマンションに泊まっていましたね。

玉袋　ジプシー・ジョーってアメリカでも住所不定っていうのは本当なんですか？　なんかドキュメンタリーを観たら、クルマのトランクで寝泊まりしてるようなことをやってたんですけど。

茨城　カンザスに行ったときは、レスラーがみんなアパートで生活をしていて。だから自分の家があるわけじゃなく、行ったところ行ったところで、レスラー御用達のところでみんなで生活していたんじゃないかと思います。

玉袋　早すぎたシェアハウスだよ（笑）。リアル・ジプシーでもあるな。茨城さんは記者時代からずっとアメリカを回っていたんですか？

茨城　そうですね。いまの週プロの前身の『プロレス&ボクシング』という雑誌に4年間くらいいて、入って2年目くらいかな？『ゴング』の竹内宏介さんと東スポの櫻井康雄さんのふたりが海外取材に行くと聞いて、休みを取ってそこについていこうってことにしたんですよ。

「バロン・フォン・ラシクが国際に初来日したとき、それを観るために会社を休んで東北の小さな会場に行ったんですよ」（茨城）

玉袋　出張じゃなくて休暇なんですか（笑）。

茨城　『プロレス&ボクシング』は編集顧問の森岡（理右）

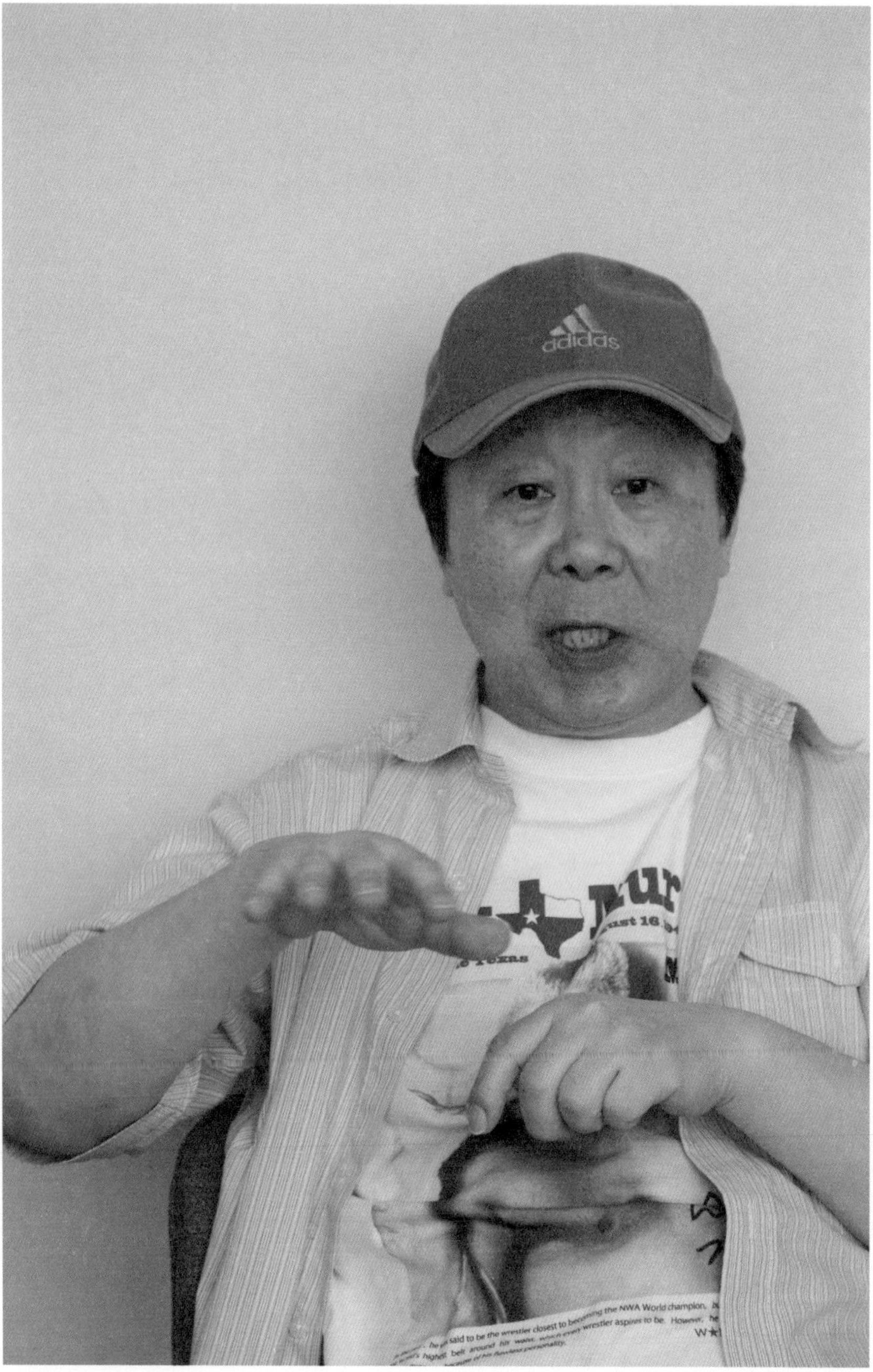
adidas

さんっていう人がよく海外に行っていて、のちのちこの方は筑波大学の教授になるんですけども。

ガンツ 馬場さんのブレーンと言われていた人ですよね。

玉袋 「豆たぬきの本」を出していた人か。

茨城 ボクは1972年に単身、モントリオールにいたマイティ井上、ネブラスカ州オマハにいたグレート草津とアニマル浜口を取材させてもらったんですよ。それでロスに『プロレス&ボクシング』のボクシング担当だった溝口さんという方がいて、アメリカではその人にお世話になっていたんですけど、高速道路の玉突き事故に巻き込まれて帰れなくなっちゃったんですよ。

椎名 災難ですね。

茨城 それで本来、夏休み限定のアメリカ旅行のはずがしばらくいることになっちゃって。そのとき、ロスのオリンピック・オーデトリアムで試合を観たりしてたんですけど、向こうにいるときに「コイツがレスラーになりたがってんだ」って紹介されたのがいて、それが栗栖正伸。

ガンツ 新日本旗揚げ前、栗栖さんがプロレスラーになろうとして単身ロスに行っていたときですね。

茨城 そういう関係があったんで、FMW旗揚げのときに栗栖を呼んだんですよ。

ガンツ 茨城さん、FMWの旗揚げメンバーなんですよね。

椎名 ああ、そうなんだ。

ガンツ 茨城さんがプロボクに入られたのは、もともとプロレスファンだったのがきっかけなんですか？

茨城 そうです。編集部に電話して。

玉袋 電話すれば入れたんですね（笑）。プロボクに入った頃、新日本、全日本、国際の3団体ですか？

茨城 いや、俺が入ったときは日本プロレスと国際プロレス。

ガンツ 日本プロレスの時代なんですね。

玉袋 日プロ崩壊前なんですね。じゃあ、猪木追放とかそういった時期も業界にいたんですか？

茨城 そうですね。

玉袋 すげえ！

椎名 記事でも報じたりしていたんですか？

茨城 俺なんかはペーペーだから。多少は書いたりしましたけども、基本は原稿を取りに行くのが仕事でしたね。

ガンツ 昔の専門誌は、編集部の人間が書くのではなく、新聞社の大御所記者に原稿を書いてもらっていたんですよね。

茨城 だから俺なんかは始めは読者ページとかぐらいでしたよ。

玉袋 その頃、茨城さんが魅せられてたレスラーって誰だったんですか？

茨城 誰なんですかね？　子どもの頃の記憶に残ってるのは、

スカル・マーフィーを見て怖いなって思ったことかな。
玉袋　W☆ING怪奇路線って、幼少期に見たスカル・マーフィーが原点なのか（笑）。
茨城　竹内さんも「子どもの頃に印象に残っていたのはスカル・マーフィー」って言っていましたね。
椎名　後楽園ホールとかも行ってたんですか？
茨城　子どもの頃は地方に住んでたんでもっぱらテレビですね。『プロレス&ボクシング』に入ってからも、当時の地方取材はだいたいカメラマンの方が行って、俺なんかが行くのは年に数回ですよ。
ガンツ　当時は、とりあえず写真だけあればそれでページを作る、みたいな（笑）。
茨城　地方取材で思い出に残っているのは、北海道でやった国際プロレスで、バーン・ガニアがストロング小林とAWAのタイトルマッチをやったんですよ。
玉袋　おー、それは観たい！
茨城　あとバロン・フォン・ラシクが国際に初来日したとき、何試合か来日が遅れて東北の小さな会場でやったんですよ。それを観るために会社を休んで行ったんですよ。国際の外国人バスに駅のところで拾ってもらって、一緒にマイクロバスで会場まで行って。「今日は仮病を使って来ました」って（笑）。
ガンツ　プロレス記者が、仮病を使ってプロレスを観に行ってたんですか（笑）。
茨城　あの頃来ていたラシクとか、ブロンド・ボンバーズとかダニー・リンチとか、俺にとっては本当に夢でしたね。

「あるとき、ハーリー・レイスに『おまえ、バンプ取れるか？』って言われて関川（ポーゴ）のマネージャーをやったんですよ（笑）」（茨城）

玉袋　国際はガイジンがよかったんだよな〜。
茨城　俺がベースボール（・マガジン社）に入ったのは昭和45年（1970年）3月で、2月にバーン・ガニアが初来日したんですよ。それで羽田空港まで色紙を持って行ってね。
椎名　来日するところを空港まで追っかけするくらいのファンだったんですね。
茨城　それもあって、自分がアメリカに行ったときはミネアポリスに住んだんですよ。多少つながりがあるってことで。AWAの事務所はミネアポリスのダウンタウンのど真ん中にあって、そこから自分がアパートを探すまで事務所に寝泊まりさせてもらいましたね。
玉袋　AWAの事務所に住んでたんですか。凄いな（笑）。
茨城　事務員としておばちゃんと若い人のがふたりいて、一緒にアパートを探したりしてくれたりして。あそこには本当

トラック野郎

にお世話になって。
玉袋　へえ！　手厚いな、AWAは。それでまだ見ぬ強豪の写真を入れて、日本の雑誌に送るという。
ガンツ　それで通信員というか特派員みたいな形になるんですね。
茨城　いまはそういう時代じゃないかもしれないけど、俺の時代はアメリカに行ってから『ゴング』と『プロレス&ボクシング』の両方に写真を送ってくれとなって。だから向こうからそれぞれ適当な偽名をつけられて写真を送っていましたね。
玉袋　当時、ガニアと飯を食いに行ったりしたこともあるんですか？
茨城　ニック・ボックウィンクルはありましたね。俺にとっては最高のレスラーですよ。
玉袋　ダンディでカッコいいしね。いつもタイトロープな防衛してさ。
ガンツ　茨城さんが行っていた頃はまだチャンピオンはガニア時代ですか？
茨城　ガニア、ニックですね。
ガンツ　ニックはジャンボ（鶴田）に獲られるまで、10年近くAWA王者でしたもんね。
玉袋　ニックは反則負けになるんだけど、反則じゃ王座が移動しねえから、いつも歯ぎしりしながら観てたよ。俺はニックvsジャンボも蔵前まで観に行ってるからね。
椎名　あの特別レフェリー、テリー・ファンクを観てるんだ。いいな～（笑）。
茨城　70～80年代はおもしろいですよね。いまみたいにWWE一色じゃないから。まあ、いまもインディーはいっぱいあるんでしょうけど、80年代まではその場所その場所にプロモーターがいてね。
ガンツ　それぞれ特色も違って、その土地土地にチャンピオンがいるわけですもんね。
茨城　だから東スポの特派員をやっていた頃、ミネアポリスに住んではいましたけど、毎日全米を飛び回っていたんですよ。空港に行って、いろんな航空会社のタイムテーブルをもらってきて、予約を入れて。月曜はテネシー州メンフィスだ、火曜日はフロリダ州タンパ、水曜日はマイアミ、木曜日はカンザス、金曜日はいろいろあって、ダラスやヒューストン、セントルイスのキール・オーディトリアム、たまにプエルトリコ、メキシコシティなど、各地の定期戦を回っていたんです。だから全米50州のうち、たぶん35は行っていると思います。
玉袋　すげえな。道の駅コンプリートとはスケールが違うよ。
茨城　大きな団体のない田舎も行ったりするので、そういうのも入れるともっとかもしれないです。

玉袋　ファンクスはどんな感じだったんですか？

茨城　（テキサス州）アマリロにもよく行きましたね。テリーの家にも泊めてもらいましたよ。あそこの家にはサウナがあってね（笑）。よく空港まで送ってもらったりもしたんだけど、テリーも時間にいい加減だから「今日、間に合わないかもしれない」って言うと、スピードを出しすぎてパトカーがうしろから来て止められたりして（笑）。

玉袋　『キャノンボール』みたいだな。ハーリー・レイスはどうなんですか？

茨城　レイスはカンザスなんですけど、俺は一時期住んでいたことがあるんですよ。居候ですけども。

玉袋　レイスの家に居候してたんですか!?

茨城　いや、レイスじゃなくて日本人もよくいたんですよ。だから、あるときは佐藤昭雄に世話になって、あるときは関川（哲夫＝ミスター・ポーゴ）のところにしばらくいさせてもらったり。あるとき、関川と一緒にいたら、レイスに「おまえ、バンプ取れるか？」「おまえがマネージャーやれ」って言われて、マネージャーをやったんですよ（笑）。

椎名　ポーゴのマネージャーとしてリングに上がったんですか（笑）。

茨城　どっかから浴衣を調達してきて、それを着てセコンドに付いてね。当時、関川はオマール・アトラスと抗争していたんだけど、それを盛り上げるためにマネージャーとして付いて、レイスに「ミスター・マッスル」って名前を付けられてね（笑）。

玉袋　ハーリー・レイス命名ですか（笑）。

茨城　レイスの名前って反語なんですよ。自分は強面だから「ハンサム」を名乗って、俺は痩せていて弱々しいから「マッスル」と（笑）。

「サンボ浅子さんは第一次UWFの営業だったんだよな。営業がなぜかFMWでは中心選手になっていたんだけど（笑）」（玉袋）

椎名　レイスの「ハンサム」って、そういう意味なんですね（笑）。

茨城　でも英語もロクにできないのにマネージャーなんてできるわけないんですよ。マネージャーは英語でまくしたてなきゃいけないんだから。だから、やったのはほんの短期間ですけどね。

玉袋　カブキさんとは向こうで一緒だったことはないんですか？

茨城　高千穂さんは取材してるんですよ。フロリダでマサ斎藤さんと一緒にやってるときとかね。当時、アメリカには誰

WING
オリエンタル

かしら日本人レスラーがいましたから。年代は多少前後するんですけど、ダラスにケンドー・ナガサキがいて、キラー・カーンがいて。彼らの家にも行きましたよ。カツ丼を作ってくれたりしてね。

玉袋　自宅で居酒屋カンちゃんだよ（笑）。

ガンツ　そうやって東スポなんかの海外通信員をやっていると、いろんな人脈もできると思うんですけど、外国人選手のブッキングに関わったりもしたんですか？

茨城　俺はそういうことは全然。馬場さんのところで一時期外国人のブッキングを手伝ったりして、やろうと思えばできたんでしょうけど、あまりそういうのはね。ただ、1回だけ越中（詩郎）と三沢（光晴）がメキシコに行ったんですよ。そうしたら三沢がタイガーマスクになるってことで先に日本に帰ることになって。それでひとりメキシコに取り残されて、捨てられたような状態になった越中から「どこかに行けないですかね？」と相談されたんですよ。それで当時、新日本のブッカーをやっていた大剛鉄之助っていう人に「こういう話をされたんだけど」って伝えて。そうしたら坂口（征二）さんがロスまで来て、越中も呼んで、俺も一緒にそこで会ってね。その1回だけでしたね。

ガンツ　越中さんの新日本移籍に茨城さんが関わっていたんですね（笑）。

茨城　越中は先輩だから、三沢だけ呼ばれておもしろくなかったんですよ。

玉袋　置き去りだもんな。

椎名　でも新日に行って本当によかったね。越中は実力があって身体も大きかったから、長く活躍したもんね。

ガンツ　当時の全日本じゃチャンスはもらえなかったでしょうしね。ジャパンプロレス勢が来て、選手も飽和状態だったし。

玉袋　茨城さんがミネアポリスにいたとき、マサ斎藤さんとはどうだったんですか？

茨城　斎藤さんとはレストランでよく食事もしましたよ。でも俺が東スポの特派員のとき、ちょうど例のマクドナルドの事件があって。

ガンツ　ケン・パテラが夜中、マクドナルドに岩を投げ込んだ事件（笑）。

玉袋　ハンバーガーの価格破壊の前に店を破壊しちゃったっていうね。

茨城　警察沙汰になって、同部屋だった斎藤さんも巻き込まれて刑務所に入ることになったんですけど、それまでは斎藤さんともよく会いましたよ。日本の方がやっていたレストランがあって、よくそこで食事したりしてね。

ガンツ　茨城さんはいつまでアメリカにいたんですか？

茨城　80年代半ばまで日本とアメリカを行ったり来たりですね。１９８５年に自分の知っている人間がジャパン女子プロレス設立に関わっていたんで、それで紹介されてジャパン女子プロレスに入ったんです。取材する側から団体側に行ったのはこれが最初です。

ガンツ　ジャパン女子ではどんな仕事をされてたんですか？

茨城　ガイジンのブッキング的な。

玉袋　じゃあ、女子プロレスラーも海外時代はけっこう顔見知りだったんですか？

茨城　あんまり知らなかったですね。知っている人の伝手で。だから、あそこで呼んだのはシェリー・マーテルっていうのがＡＷＡにいて、当時のチャンピオンだったんですよ。

ガンツ　のちの〝マッチョマン〟ランディ・サベージのマネージャーですよね。

椎名　そうか。東京ドームの天龍戦のときに来てたよね！

茨城　ただ、ジャパン女子のスタッフはみんな畑違いで、業界を知らない人間ばかり。プロレスに関わっていたのは、俺とグラン浜田と、営業にいたサンボ浅子くらい。あとは素人なんですよ。

玉袋　浅子さんは第一次ＵＷＦの営業だったんだよな。営業がなぜかＦＭＷでは中心選手になってたんだけど（笑）。

茨城　私が初めて後楽園球場で巨人戦を観に行ったのは浅子のおかげというか、年間シートを持っていて。

椎名　サンボ浅子って、お坊ちゃんなんですよね。

茨城　だから巨人戦にしょっちゅう行ってましたよ。

「大仁田から『自分で団体をやりたい』と言われて協力することになったんだけど、当時はお金がないので駅のベンチとかで打ち合わせをしてね」（茨城）

玉袋　ジャパン女子にはどのくらいいたんですか？

茨城　旗揚げを（１９８６年）8月にやって、翌年の1月に俺は辞めてるんですよ。

ガンツ　早いですね。

茨城　当時、国際電話が高かったんですね。それで海外に電話をかけるには時差があるじゃないですか。それで夜中とか早朝に事務所から電話するわけにいかないから、自分の家からかけて。飛行機代も立て替えても、結局そういうお金もよこさないんですよ。

玉袋　未払いの洗礼を茨城さんのほうが受けていたっていうね。

茨城　それでもう1年も経たずに会社のあちこちに赤紙が貼られてたんですよ。

玉袋　じゃあ、浜田さんと大仁田選手がジャパン女子で試合したときは、もういなかったわけか。

茨城　もっと前の神取（忍）とジャッキー（佐藤）の試合も観ていないんで。それでジャパン女子を辞めて、いまスターダムをやっている（ロッシー）小川さんに誘われて全女に行くんですよ。小川さんとは彼がまだファンだった頃、猪木vsストロング小林の蔵前で知り合って長い付き合いだったんで、「外国人係をやってほしい」みたいな感じで。ただ、今日辞めてすぐ明日から行くっていうのも嫌だから、１カ月は遊んでね（笑）。

玉袋　ライバル団体への移籍は一種の裏切り行為だもんな。

茨城　だから神取を全女に連れてきて、長与（千種）とやらせようと思ったんですよ。

玉袋　あの神取vs長与は茨城さんが関わっていたんですか！

茨城　神取を全女の会場に呼んで、長与に対戦アピールさせるっていう段取りをつけて。あのとき、「神取、おまえビーチサンダルはやめてくれよ」って言ったら、いつもどおりビーチサンダルで来やがって。

ガンツ　さすがですね（笑）。

玉袋　男っぷりを発揮してるね（笑）。

茨城　結局、神取vs長与は実現しなくて、そうしたら長与は「もう日本でやることがないから、辞める前に海外に行きたい」って言い出してね。それでカナダのカルガリーと、アメリカのラスベガス、ダラス、テネシー、それからメキシコの3カ国を一緒に同行したんです。

ガンツ　長与千種の単身海外遠征ありましたね。グレート・ムタみたいな忍者スタイルで、各地で3本くらいチャンピオンベルトを獲って。それも茨城さんのお膳立てだったと。

茨城　その前には、会社に言われて山崎五紀と立野記代のジャンピングボム・エンジェルス（ＪＢエンジェルス）を連れていまのＷＷＥに行って、一緒に回ったりもしましたよ。そうこうしているうちに、今度はデビル雅美と小松美加っていうのが来るっていうんで、ふたりを連れてカルガリーに行ったりね。

ガンツ　80年代後半の全女と海外の関わりって、ほとんど茨城さんがやっていたってことですね（笑）。

茨城　デビル雅美をカルガリーに連れて行ったときは、馳浩なんかもいましたよ。

ガンツ　そこからＦＭＷに行くきっかけはなんだったんですか？

茨城　その頃、ジャパン女子の内部がふたつに割れたんですよ。それで大仁田はジャパン女子のコーチをやっていたでしょ。俺とは同じ時期じゃなかったけど、「話したいことがある」って呼ばれたんですよ。それで喫茶店で会って話をしたら「自分で団体をやりたい」と。それで協力することになったんだけど、そのとは当時お金がないので毎回喫茶店使っていられないから、駅のベンチとか、ああいうところを使って打ち合わせをしてね。
玉袋　ＦＭＷはベンチ会議で生まれたんだ！　今度、ベンチプロレスをやってほしいよ（笑）。
茨城　それで一度、後楽園飯店の隣にあった喫茶店で打ち合わせをしたとき、そこに俺が昔から知っている山口雄介っていうのがいたんですよ。
ガンツ　ウォーリー山口さんですね。
茨城　アイツは俺がベースボールに入った翌年くらいから、ファンとしてよく来てたんですよ。そうしたらアメリカンスクールに通っていて英語がしゃべれるってことで、森岡さんが通訳として連れて歩くようになって。その頃から雄介のことは知っていたんだけど、ニタ（大仁田）と打ち合わせをしてたら雄介も話に入ってきて。結局、雄介が当時持っていた掘っ建て小屋みたいな自宅をニタが間借りしてＦＭＷの事務所にしたんですよ。
椎名　初期ＦＭＷ事務所はウォーリー山口宅だったんですね（笑）。
玉袋　でも資本金とか出資金とかどうやって会社登記したんだろう？
茨城　それは、のちに自分と組んでＷ☆ＩＮＧを始める大迫（和義）っていうのを大仁田が連れてきたんですよ。彼が出してます。当時、電話を引く加入権が7万いくらかでしょ。大仁田は「5万円で旗揚げした」って言うけど、5万円で会社ができるわけないんですよ。

「飛行機で偶然隣り合わせた社長にスポンサーになってもらうって、そんなドン荒川さんみたいなエピソードがあるんですか（笑）」（椎名）

玉袋　当時は株式会社の資本金1000万必要だったからね。じゃあ、初期ＦＭＷの外国人を呼んでいたのも茨城さんですか。
茨城　そうですね。ジミー・バックランドとか。
玉袋　李珏秀（リー・ガクスー）とかも？
茨城　あれは違う。俺はマグニフィセント・ミミとか。
玉袋　いたな〜、セクシーレスラー、マグニフィセント・ミミ！　当時、一般週刊誌にも取り上げられて「『レフェリー、前が膨らんでるぞ！』という野次も飛んだ」とか書かれてね。まあ、その野次を飛ばしたのは俺たちなんだけどさ（笑）。
椎名　客で来ていた浅草キッドが（笑）。
玉袋　あの頃は女子もいたし、ミゼットレスラーもいておもしろかったよ。マスカリータ・サグラダとかね。
茨城　あれは俺が呼んだんですよ。外国人だけじゃなく日本人も呼んでいて、リッキー・フジはカナダの安達（勝治＝ミ

スター・ヒト）さんのところで世話になってる頃から知ってるから「一度帰ってこい」って呼んで。浅子なんかは「リングに上がりたいので紹介してください」って言ってきたのかな。

玉袋　ターザン後藤はどうだったんですか？

茨城　後藤くんは俺も面識なかったんだけど、デスピナ・マンタガスの電話番号をなんか知っていたんですよ。

椎名　奥さんのほうの電話番号を（笑）。

茨城　それで後藤くんと電話がつながって、大仁田が話して決まったんですよ。

玉袋　デスピナ経由だったとはな～（笑）。ＦＭＷ女子が始まって、くどめ（工藤めぐみ）とかコンバット豊田、天田麗文が乱入してきましたけど、あれも茨城さんの仕掛けですか？

茨城　どうだったかよく憶えてないんだけど、去年、工藤と会って話をしたら、後楽園に客として観に来たときにたまたま俺と1階で会って、ニタに紹介したら「やってみないか？」って話になったらしい。

椎名　客で来たのに、それで結局乱入することになったんですね（笑）。

玉袋　あと、旗揚げ当時は邪道&外道もいたよね。

茨城　彼らは、さっき言った山口雄介の事務所の下にリングがあって、そこで練習してたんで。

玉袋　ワキタ（スペル・デルフィン）はいないのかな？　ワキタもＴＰＧの残党だよね。

ガンツ　旗揚げ当初だけいましたね。ＦＭＷは始まった頃、新日本、全日本、ＵＷＦに上がっていない日本人でリングに上がれそうなのをかき集めていたんですよね。だからユニバーサル・レスリング連盟で逆輸入される前の浅井嘉浩（ウルティモ・ドラゴン）も当初はメンバーに入れてたり。

玉袋　そうなんだ～。ＦＭＷはもともと『格闘技の祭典』で大仁田vs青柳館長の異種格闘技戦をやって、それで因縁が生まれて始まったわけだよね。

茨城　あのとき、もう新団体をやることは水面下で決まっていて、俺も雄介と一緒に行っていて凄い盛り上がったから「これ、いけるんじゃないの？」って話をしていて。

椎名　カオスでしたよね。「新しいことが始まるぞ！」っていう感じがして。

ガンツ　だからＦＭＷは旗揚げ2連戦で大仁田vs青柳をやった時点で、もうもの凄く盛り上がっていたんですよね。

玉袋　俺はＦＭＷの初期、川越かなんかに道場があって、そこに取材に行った憶えがあるんだよな。五所川原吾作とかが入った頃だと思うんだけど。

茨城　これは大仁田に聞いた話なんでどこまで本当かわから

ふなばしオート

ないんですけど、ＦＭＷ旗揚げ前、ニタが飛行機でどこだかに行くときに、どこかの会社の社長と席が隣になって、その人の厚意で川越の道場と合宿所を貸してもらえたってことなんですよ。

椎名　そんな、偶然隣り合わせた社長にスポンサーになってもらうって、ドン荒川さんみたいなエピソードがあるんですか（笑）。

ガンツ　それがフランスベッドですよね。だからＦＭＷの若手は普段はフランスベッドで働いていて、寮もフランスベッドの社員寮扱いだったという。

茨城　詳しくはわからないですけど、そんな話らしいです。

玉袋　じゃあ、荒井（昌一）さんは？

茨城　荒井はＦＭＷを始めたとき、雑誌で募集して入ってきたんですよ。

ガンツ　週プロに小さく乗った「スタッフ募集」に応募して（笑）。

茨城　それで荒井と大宝（拓治）っていうのが入ってきて。あのとき驚いたのが、事務所で荒井がおにぎりを食べながらジュースを飲んでいたんですよ。俺の感覚だと、おにぎりにはお茶なんだけど、「どういう感覚してるんだ？」って思った記憶がありますね。

「大仁田とは二人三脚で、俺は損得関係なくやってきたのに、ちょっとよくなってきたら天狗になって俺を邪魔者扱いし始めた」（茨城）

玉袋　茨城さんはＦＭＷにどのくらいいたんですか？

茨城　１周年記念大会を駒沢（オリンピック公園総合体育館）でやって、その翌年の春ぐらいですかね。だんだんと大仁田厚がこう（天狗に）なってきたんで（笑）。

ガンツ　大仁田さんが、茨城さんを辞めさせるように仕向けたって聞いたんですけど。

茨城　ニタは俺には直接言わないんですよ。大宝がニタの運転手をやっていて、「茨城を切る」って言っていた話を俺に伝えて。俺はＦＭＷが始まる前から一緒にやってきて、給料は月10万。それで当時家賃が13万なんですよ（笑）。

ガンツ　家賃だけで足が出ちゃってる（笑）。

茨城　最初なんかニタが住む家もまともになかったんで、「イバちゃん、そっちの家に住まわせてくれ」って言ってきて、さすがにそれは勘弁してくれと。

椎名　大仁田厚が居候してきたら、それは困りますね（笑）。

茨城　事務所で一緒で、家に帰っても一緒で、四六時中一緒は耐えられない。それぐらい二人三脚でやってきたし、俺は損得関係なくやってきたのに、それがちょっとよくなってきたら天狗になって、俺を邪魔者扱いにし始めたら、それはねえだろって。

玉袋　茨城さんを煙たがり始めた要因はなんなんですか？

茨城　ＦＭＷの給料10万円だけじゃ食べていけないから、ＦＭＷのビデオ制作販売を始めたんですよ。（ビデオ制作会社）クエストの木暮（祐二）さんっていう人を知っていたので、小暮社長に製作してもらったんです。当時、ビデオを後楽園で撮影して編集して出すには１００万円くらいの製作費がかかったんだけど、初期ＦＭＷがそんなカネを出せるわけないですよね。そのリスクをクエストが背負ってくれたから出せたんですよ。

玉袋　クエスト様様だね。木暮さんのことを悪く言う人いないよ。

茨城　で、当時はビデオの売り上げっていうのは、現金書留が事務所に届くんですよ。それを若いヤツが封を開けて、ＦＭＷの会社としての取り分は10パーセントなら10パーセント取っていって、クエストの取り分、俺の取り分という感じに契約通りに支払う。俺としては少ない給料の補填程度でそんなに儲けていたつもりもないんだけど、汐留の電流爆破のビデオが売れてから、ニタがいろいろ言ってくるようになったんだよ。

玉袋　「茨城が汐留のビデオで儲けやがった」と。

茨城　そもそも汐留で試合ができる場所を貸してくれたのも、俺の全女にいる頃の担当の知り合いが、ＪＲの汐留一帯の係になっていて、そのツテで貸してもらったんですよ。

ガンツ　さすが全女、オープンの会場での開催に強いですね（笑）。

玉袋　汐留で電流爆破ができたからこそＦＭＷはブレイクして社会現象になったし、週プロの表紙だって取ったわけですよね。

茨城　もっと感謝してほしいんだけど（笑）。それで俺が辞める前に、ＢＧＭビクターってところが旗揚げからの総集編ビデオを出したいってことになって、クエストの素材を貸してほしいって話が来たんですよ。それで木暮社長にも話をして、いくらか忘れましたけど「イバちゃんにも払う」って言っていながら、今日現在も1円ももらってません。

玉袋　そこでも未払い問題があったか。でもその後、ＦＭＷはバブルを迎えるわけですよね。当時はスーパーファミコンの時代だから、ＦＭＷのスーファミソフトも出たんだよ。で、そのアドバイザリースタッフになぜか俺たち浅草キッドと高田文夫先生が入っていたんだけど、けっこういいお金もらったからＦＭＷには相当な金額が入っていたと思う。ゲームとしてはクソゲーだったけどね。

椎名　スーファミはめちゃくちゃ売れてましたもんね。

玉袋　初代ファミコンより売れてるわけだから。その分、クソゲーも乱造されて廃れていっちゃうんだけどね。その後、W☆INGっていうのは、茨城さんと大宝さんで動いたってことなんですか？

茨城　だからニタの一言があって、クビにされる前に自分から辞めて。本当は団体なんかやる気はなかったんだけど、嘘みたいな話で渋谷で偶然大迫と会ったんですよ。

玉袋　大迫さんはFMWの最初の社長で、W☆INGの最初の社長ですよね。

茨城　大迫は俺より早くFMWを辞めていたんだけど、たまたま会って話したときに「団体をやりたい」と言っていて。初期FMWは大迫の奥さんも経理か何かで入っていて、プロレスはやり方次第で儲かると思っていたみたいなんです。

椎名　なるほど。奥さんが経理だったのがポイントだったんですね。

茨城　だから俺が大仁田への恨みからFMWを潰すためにW☆INGを始めたと思っている人がいまだにいるみたいだけど、全然違うんですよ。もし俺にそういう気持ちがあったら、工藤（めぐみ）に電話してこっちに引っ張っていただろうし。

ガンツ　もともと全女時代からくどめさんと接点があったのは茨城さんですもんね。

「1971年にマスカラスが初来日したとき、羽田まで行ったんですよ。『素顔が見られるんじゃないか』ってね（笑）」（茨城）

玉袋　くどめがW☆INGに来ていたら、歴史はまた変わってたよな。じゃあ、そっからは大仁田さんと完全に袂を分かつ形になって。

茨城　W☆INGの巡業で九州に行ったとき、たまたまニタが入院してたんで、大宝と見舞いに行こうかって話をしていたんだけども、結局行かなかったんです。あそこで見舞いに行ってたら、また違った話ができたかなと思いますけど。

玉袋　大仁田はプエルトリコでインベーダー（ホセ・ゴンザレス）に刺されてるよね？

ガンツ　ブロディ刺殺犯のホセ・ゴンザレスに刺されたってことで、日本に呼んで抗争しようとしたんですよね。結局、ターザン山本が「もしFMWがゴンザレスを呼んだら、金輪際載せない」って書いて頓挫したんですけど。

玉袋　あの大仁田さんがプエルトリコで刺されるのに、茨城さんは関わっていたんですか？

茨城　あのときはまだFMWにいましたけど、向こうには行かずに日本にいました。それでニタが刺されたっていう記者会見を日本でやったんだけど、俺は朝飯を食わないで行ったもんだから、会見の最中に腹が鳴っちゃってね（笑）。

椎名　「腹を刺された」っていう会見なのに、のんきに腹が鳴っちゃった（笑）。

ガンツ　第1次W☆INGって、最初はビクター・キニョネスとミスター・ポーゴが主体となって「キャピタル・スポーツ・プロモーション・ニッポン」を設立という形で発表したじゃないですか。プエルトリコの団体の日本支部みたいな感じで。あの設定は茨城さんが考えたんですか？

茨城　じゃないと思いますけどね。

ガンツ　第1次W☆INGは、形としては大迫さんが社長だったんですよね。

茨城　ボクは団体をやるのは嫌でしたからね。二番手だったらいいですけど。ただ、大迫さんはいざ初めてみると、なんだかわからないけど「格闘技団体」って言い出したんですよ。かと言って格闘技に詳しいわけじゃないし。

玉袋　格闘三兄弟がいたわけですもんね。

ガンツ　それで大迫さんのWMAと茨城さんのW☆INGプロモーションに分かれるんですよね。

茨城　W☆INGを始めて3シリーズやって、大迫さんと話したら全然やろうとしてることが違うんですよ。で、向こうが別々にやろうって言い出したんですけど、W☆ING始まるときに出資しているのは俺で、「大迫さんは入れてないじゃないですか」って言って、「それは返す」って言われたんだけど、今日現在ももらっていません。

玉袋　なんかW☆INGが本格的に始まる前から、未払いの話ばかりだな（笑）。

ガンツ　そして茨城さんの最初の興行は、ミル・マスカラスを呼んだ『SKY HIGH AGAIN』（1991年12月10日、後楽園ホール）ですよね？

茨城　何かインパクトのある大物を呼ばなきゃと思って、マスカラスのことは初来日から知ってたんで。

玉袋　すげえ、初来日からですか。

茨城　1971年にマスカラスが初来日したとき、羽田まで行ったんですよ。『ゴング』からは竹内さんが来ていて「素顔が見られるんじゃないか」ってね（笑）。

椎名　税関でマスカラスの素顔を見てやろうと（笑）。

茨城　ところが結局税関に入っても脱がなかったんですよ。税関の待合室がガラス張りで「ここなら絶対に脱ぐだろう」っつって見てたけど脱がなかったです。

ガンツ　そんなことが許されたんですね（笑）。

玉袋　当時はそうだったんだろうな。でも竹内さんはその後、マスカラスを誌面でドーンと扱っていくわけですもんね。

椎名　結局、マスカラスの素顔は見たことないんですか？

茨城　親しくなってからは見てますよ。本当にいい男ですよ。

よく言われるとおりアラン・ドロンですよ。
椎名　へえ、そんなにいい男なんだ。
ガンツ　ボクはカネックの素顔は見たことあるんですけど、あのマスクそのままの顔でびっくりしましたけどね（笑）。
玉袋　カネックはアラン・ドロンじゃないことはすぐわかる！

「W☆INGはアイデアもよかった。月光闇討ちマッチとかさ、後楽園ホールの電気を消して、真っ暗で試合が見えねえのに観に行ってるんだから（笑）」（玉袋）

茨城　で、後楽園ワンマッチのためにマスカラスを呼んだんですけど、あれは儲けはないですね。
玉袋　そうですよね。ファイトマネーも大変じゃないですか？
茨城　旗揚げの目玉だから、なんとしても来てもらわなきゃいけなかったんで、当時、全日本が出していた以上の額を出したんですよ。さらに飛行機はファーストクラスを用意したんで、それだけで200万飛んで、ほかの選手にもギャラを払わなきゃいけないから、もう儲けなんかないですよね。
玉袋　やる前から赤字確定っていうね（笑）。
茨城　その翌年、カネックを呼んだときもファーストクラスのチケットを送ったんですけど、ファーストの名簿を見ても名前がないんですよ。たぶんごまかしてるんでしょうね。
ガンツ　換金してエコノミーで来日した疑惑（笑）。
茨城　マスカラスも大変でしたよ。2回目に呼んだときはウチとしては特別扱いで池袋のホテルメトロポリタンを取ったんですけど、池袋に行かずに日プロ時代から泊まっていた赤坂東急に勝手に行っちゃって、会場入りも凄く遅れたんです。川崎大会の開始時間が凄く遅れたんですけど、それも結局アイツのせいだから。入場式もあったから、マスカラス抜きでやるわけにいかないんで。
ガンツ　W☆INGの入場式ってありましたよね。『デンジャーゾーン』のテーマが流れて。
玉袋　マスカラスのわがままでの遅延とかも、すべて茨城さんの遅刻のせいになってたんだな（笑）。
ガンツ　W☆INGはほかにも「ジプシー・ジョー10年ロマンス」とか、そういうレジェンド企画がよかったですよね。
玉袋　ツボを押さえてたよ。あとは怪奇派だよな。
ガンツ　ジェイソン・ザ・テリブル登場も最高でしたよね。
玉袋　あれがディズニーだったら大変だよ。『13日の金曜日』そのままなんだから（笑）。すげえ訴訟を起こされるよ。
茨城　ジェイソンはビクターが写真を数枚持ってきて、呼んでみたらよかったんですよ。

ガンツ　ジェイソン初登場って、いきなりポーゴさんと棺桶デスマッチだったんですよね。前煽りはジェイソンが斧を片手に持った白黒の宣材写真だけだったのに後楽園がいっぱいになって。

茨城　当時は黙っていてもある程度は入ったんですよ。後楽園は平均で１１００枚くらい売れてましたから。１回だけ外国人を呼ばずに日本人だけでやったとき「入ってない」って言われたけど、それでも実数で８００くらいでしたからね。

ガンツ　いま後楽園を実数で１０００以上入れているところはなかなかないですから、そう考えるとＷ☆ＩＮＧはかなり入っていましたよ。

茨城　だけど当時は外国人を10人くらい呼んでいたんで、儲けはなかったんですけどね。これをたとえば10人を８人にするとかしていれば多少は違ったんでしょうけど、根がファンだからしょうがないですね。

玉袋　Ｗ☆ＩＮＧは「ファンが考える夢のラインナップ」だったんだな（笑）。

茨城　マスカラスを呼んだあと、ひと月準備期間を置いて次は（ディック・）マードックを呼んで、その次にワフー（・マクダニエル）を呼んでましたから。

玉袋　贅沢だよ。

椎名　ちょっと国際プロレス的でもありますよね。興行規模

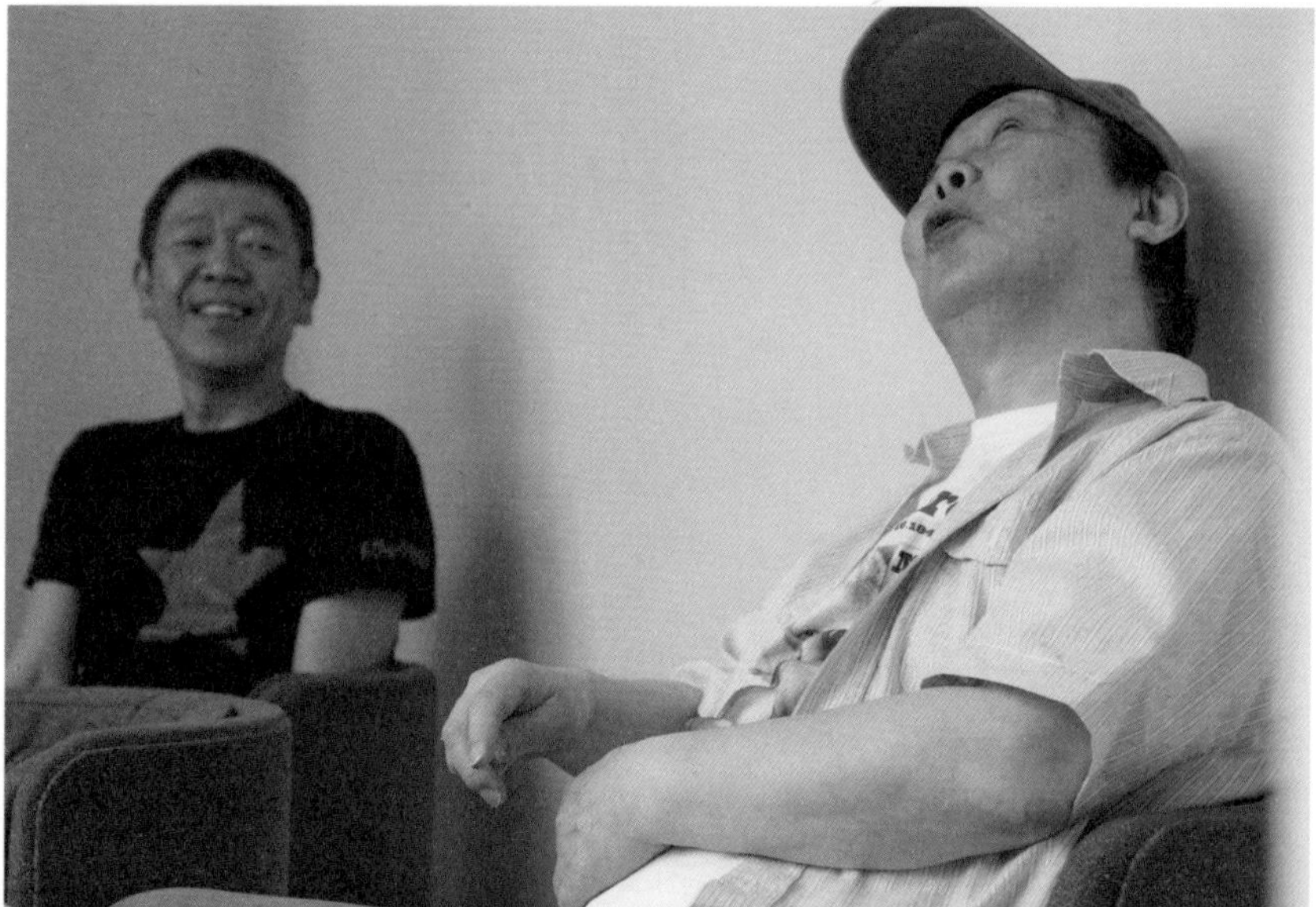

以上に呼びすぎちゃうっていう。

玉袋　W☆INGはアイデアもよかったよ。「月光闇討ちマッチ」とかね。後楽園ホールの電気を消して、真っ暗で試合が見えねえのに観に行ってるんだから（笑）。

茨城　昔はいろんなことができたんですけど、いまは後楽園もうるさいんですってね。壁にぶつけたりしたらとんでもない額を請求されるって。

椎名　あんな古い建物なのに、いまになって器物破損にうるさくなっているんですね。

茨城　後楽園は昔から終了時間にはうるさいんですよ。まだ試合をしてるのに「早く終わってください」って急かされるんです。

玉袋　1分でも遅れたら追加料金なんですよね？

茨城　当時はしょっちゅう払ってました。だいたい関川のせいなんですよ。アイツがシャワー浴びるのが遅いんですよ！

椎名　ワハハハハ！

茨城　ちょっと遅いとそれだけで10万とか払うんですよ。

玉袋　シャワー代高いな。高い入浴料だよ。高級ソープだよ（笑）。

「プロレス団体をやって大変な目に遭っている人がたくさんいるなかで、茨城さんは無事〝生還〟しているのが立派だなと思います」（椎名）

茨城　関川がシャワー遅いだけで、俺がFMWでもらっていたサラリーと同じだからね。

椎名　とんでもない極悪大王ですね（笑）。

茨城　パイプ椅子を壊すと、あれが1脚5000円なんですよ。で、壊した数は10個、20個じゃないですからね。それがあるとき、請求書が来たときに壊れたイスの数をチェックしてみたら本当は壊れてない使える椅子が何個もあるんですよ。結局、向こうはそれも計算に入れていて、こっちはずっと払っていたんです。これが最初から毎回チェックしていればね……。

ガンツ　いまは椅子攻撃も団体側が用意した壊すための椅子ばかりですけどね。

茨城　でも、そういうことをやるとファンに見透かされちゃいますよ。だからウチなんかも1周年で松永（光弘）とレザー・フェイスに、猪木さんと上田馬之助さんがやった釘板デスマッチをやらせましたけど、「どうせ落ちない」と思われないように「落ちたほうが負け」っていうルールにして。また、セミ前に乱入予定の悪の新ジェイソンをどう登場させようか考えて、客入れ前にリングの下に入ってもらって、リング下から登場させましたから。

玉袋　あれはビックリしたよ！「なんでそっから出てくるんだ!?」って。客入れ前から潜んでたってことは5時間ぐらいリング下にいたってことだから、すげえよ。

ガンツ　ジェイソンがリング下にいたのに、進行は延び延びだったという（笑）。

玉袋　でも、そうやって本気で驚かせてくれたんだよ。やっぱり月光闇討マッチもそうだけど、W☆INGは最高のお化け屋敷だったよ！

椎名　毎回わくわくしましたよね。

玉袋　俺たちだって、あれだけストロングスタイルだとか、UWFファンだとか言っておきながら、W☆INGに来ちゃってるんだからな。

ガンツ　ボクなんか釘板デスマッチをやった同じ日に両国でUインターがあったんですけど、戸田から両国までW☆INGとUインターのハシゴをしましたからね（笑）。

玉袋　そういう変態を惹きつける魅力があったよ。いまみたいなプロレス女子なんてひとりもいなくて、行き場を失ったプロレスファンが集まっててね。

ガンツ　茨城さん自身、自分がプロデュースしたW☆INGはやっていて楽しかったですか？

茨城　振り返ってみれば楽しい思い出なんだけど、当時は結局お金がキツかったからね。1シリーズやると2000万くらいのお金をドルに換えてギャラを支払わなきゃいけないし、お金の苦労ばかりでしたよ。いまみたいにネットで宣伝できたりしたら、またちょっと違ったんでしょうけど。

椎名　でもプロレス団体やって大変な目に遭ってる人がたくさんいる中で、茨城さんは無事に〝生還〟しているのが立派だなと思いました。だって茨城さんはこうしてインタビューに出てこられるけど、山口日昇は出てこれねえじゃん（笑）。

茨城　荒井なんか死ぬ必要なかったんですよ。

玉袋　そうですよね。あれは悲しかったな。

茨城　いい子だったしね。初期FMWの頃、荒井の家に行ったりしたんですよ。ギターを弾いてもらったりして。

椎名　そういう人なんですね。

茨城　思い出はたくさんあるから悲しいですよ。

玉袋　でも、あの当時の人たちの情熱のおかげで、W☆INGにしてもFMWにしても、いいものを見せてもらいましたよ。試合もデンジャラスだけど、団体自体も「どうなっちゃうんだ!?」っていう気持ちにさせてくれたし。台所事情は大変だったと思うんだけど、それさえも「見届けなきゃいけない！」って気持ちにさせてもらえたっていうのがたまらなかったね。いまは新日にしたってノアにしたって、完成度の高いもんは見せてくれてるんだけど、親会社に守られていて、そういうハラハラはいっさいないからね。

「日本では関川に対する評価が低い。アマリロでヒールのトップを張ってテリーからベルトも獲った。カンザスではブロディとメインでシングルもやっていた」（茨城）

茨城　いまはファン層も違うんでしょうね。マニアっていうのがいないんじゃないですか？

ガンツ　たしかにそうですね。

玉袋　W☆INGはマニア心をくすぐってくれたよ。

椎名　「会場に行かなきゃ」って気にさせられましたもんね。

玉袋　「明日はないかもしれない」って思わせるっていう（笑）。

茨城　松永のバルコニーダイブなんて狙ってやったものじゃないから、ビデオカメラも入れてなかったんですよ。

玉袋　だからこそ伝説になるんだろうな。

椎名　「バルコニーダイブを生で観た」って自慢になるもんね。誰に自慢したらいいかわからないけど（笑）。

ガンツ　そのバルコニーダイブもいまは禁止なんですよね。

玉袋　そりゃダメだよ。ポーゴのビッグファイヤーだって絶対にダメ。

茨城　火を吹いたあと、関川は控室に戻ると何度も歯磨きしてうがいして、オェーってやってたんですよ（笑）。

ガンツ　極悪大王をやるのも大変だったんですよ（笑）。

玉袋　そういうのに魅せられて、春日太一先生なんかはポーゴ追悼大会を伊勢崎まで観に行っちゃってるんだから（笑）。

茨城　6月23日がアイツの命日なんですね。死ぬとは思わなかったな。俺は日本のプロレス界で、関川に対する評価が低いなって思うんですよ。アメリカでもアイツは活躍していたんですよ。アマリロとかでもヒールのトップを張って、テリーからベルトを獲ったりしてるし。俺が取材に行ったときはカンザスでブロディとメインでシングルマッチもやっていたし。

玉袋　ミスター・ポーゴ再評価をしねえといけないな。

椎名　ポーゴは開局当時のサムライTVの主役でしたよ。ひとり語りがいっつもおもしろくて（笑）。

玉袋　声を枯らしたポーゴ劇場だな。

茨城　俺なんかはもし生きてたらブルーザー・ブロディをW☆INGにいちばん呼びたかった。

椎名　それは観たかったな〜。

玉袋　それこそプエルトリコ直輸入みたいな試合が観られたんだろうな。

ガンツ　40代後半のブロディが、ストリートファイトバンク

ハウスデスマッチとかで後楽園で暴れてたら、そりゃ行っちゃいますよね（笑）。

玉袋　W☆INGだとチェーンがより活きるよ。

ガンツ　90年代のW☆ING後楽園で、ブロディvsテリー・ファンクとか観られたら最高だっただろうな～。

玉袋　そりゃ最高だよ。30年経ってるのに、たらればの話だけで変態を興奮させるんだから、W☆INGは素晴らしい団体だったな。茨城さん、今日はありがとうございました！

茨城　いえ、こちらこそ！　またよかったら一緒にプロレストークさせてください！

鈴木みのるのふたり言

第119回
武藤敬司とのふたり言

構成・堀江ガンツ

——今回、武藤（敬司）さんと対談していただきましたけど、対談では語っていない武藤さんとのエピソードとかありますか？

鈴木　ないことはないけど、そんなにはないよ。対談でも言ったとおり、俺が新日本の新弟子時代にほんの数カ月間一緒だったのと、それから20年近く経ってから、武藤全日本に俺が行ったときだけだから。でも俺が新弟子時代、武藤さんと一緒に心霊体験をしたことはあったな。

——一緒に心霊体験？

鈴木　俺がまだデビューもしていない若手で、みんなが巡業で出ている間、俺ひとりで2週間くらい道場の留守番をしてたことがあったの。当時は人数も多かったから、デビューが決まるまでは巡業に連れて行ってもらえなかったから、俺ひとり留守番で、毎日朝になったらちゃんと掃除して、ひとりで練習したりしてね。

——『大改造!! 劇的ビフォーアフター』が入る前の古い合宿所でひとりだったわけですね。

鈴木　そのとき、映画『光る女』の撮影でシリーズを休んでた武藤さんがたまに練習に来てたんだよね。それで練習が終わって合宿所1階の居間でテレビを観てたら、武藤さんが「おい、2階に誰かいる？」って言うから「いや、いないですよ。俺だけですよ」って言ったの。

——ひとりで留守番なわけですもんね。

鈴木　そうしたら「ちょっとこっちに来てみ。誰かいるよ」って言われて、階段の下から2階を覗きこんだら、上は6部屋くらいあるんだけど、コンコンコン、ガチャガチャ、ギー、ミシミシ、ゴンゴン、ガチャガチャって1部屋ずつドアを開けていく音がしたの。それで武藤さんが「ほら、いるじゃん！」って言ったら、姿はないのにダダダダダッて音だけ向かってきたんだよ。そうしたら武藤さんが「うわっ、俺、帰る！」って出て行っちゃって。ひとり取り残された俺はもの凄く怖くてね。

――鈴木さんは帰ろうにも、住まいがここなわけですしね（笑）。

鈴木　とりあえず外に出て「どうしよう、どうしよう……」ってうろたえてた。そんな心霊現象を一緒に経験したことがある。

――誰か侵入者がいたわけじゃないんですか？

鈴木　わかりません。で、それが怖くて、寝床は2階なんだけど階段を上がる気になれなくてね。最終的に2階に行くのはあきらめて、1階のすべての電気をつけっぱなしにして、テレビもつけて、ソファーで寝たの。

――暗くすると怖いから（笑）。

鈴木　たぶん朝方まで眠れなかったと思うよ。それで気がついたら眠ってたみたいで「おい！　おい！」って身体を揺さぶられて、目が覚めたら（山本）小鉄さんがいたんだよ。

――小鉄さんもすでに巡業には出ていなかったんですね。

鈴木　それできのう起こったことを全部話したの。武藤さんが来て、こういうことがあって、「すみません、2階に行けなくなっちゃいました」って言ったら「バカなこと言ってないで、練習するから早く着替えろ」って言われてさ。練習着とかは2階にあるから「うわー、2階に行くのか……」と思いながら階段を上がったんだよ。で、当時は泥棒が入るからって、みんな部屋のカギを閉めてたんだよ。

――ファンがこっそり忍び込んでモノを盗んだりとか、そういう事件がけっこうあったんですよね。

鈴木　なのでドアはみんな鍵がかかってるはずなのに、全部開いてたんだよ。もう、ゾゾゾゾ～ッと鳥肌が立って、あれは超ビビったね。それもよき思い出ですよ。

――そういう怪奇現象って、ほかにもあったりしたんですか？

鈴木　誰もいないはずの道場で音がしたりとかはよくあったんだよ。なんとなく音が聴こえるんじゃなくて、夜中に受け身の音がするんだよ。それで「こんな夜中に大きな音を出したら、近所に怒られちゃうよ。また橋本（真也）さんか……」って思ってたの。

――橋本さんは昼夜逆転生活で、よく夜中にきたんですよね（笑）。

鈴木　それで当時一緒に合宿所に住んでた先輩の片山明さんに「おい、鈴木。見てこいよ」って言われて行ってみたら、道場の電気がついてないんですよ。でも目の前でドーン、ドーンって音がしてて。「これ、開けるんですか？」って聞いたら「開けろ」って言われて。そのとき、たしか片山さんと飯塚（高史）さんがいたんじゃないかな。それで道場のドアを開けたら、誰もいないんだよ。

――マジですか!?

鈴木　「うわぁー！」って男3人で大騒ぎですよ。この話は武藤さんはまったく関係ないけどね（笑）。

――あの道場は「出るよ」っていうのは、昔から言われてたんですか？

鈴木　入ったときにそんな話は聞いてたんだけど、俺は「ふん、そんなもん」って思ってたわけよ。でも目の前で経験しちゃったらもうダメだよね。真相はわかりませんけど。で、この話を信じるか信じないかはあなた次第です（笑）。

――それが新弟子時代の武藤さんとの思い出と。

鈴木　だって新弟子時代くらいしかないもん。

――武藤さんは鈴木さんがデビューする前に2回目の海外修行に出ちゃいましたもんね。

鈴木　ただ、短い期間ながら道場でスパーリングの相手をよくしてもらったのは憶えてるよ。あとは怪奇現象と、風俗に連れて行ってもらったことぐらいかな？　……ろくな話がねえじゃん（笑）。

――全部いい話じゃないですか（笑）。風俗にも連れて行ってくれるやさしい先輩だったんですか？

鈴木　連れて行ってくれたはいいんだけど、「中は自分で払えよ」って言われて「中ってなんですか？」って聞いたら、「入口で払うカネと中で払うカネがあるんだよ。カネは持ってるか？」って言われて「とりあえずいま2万円は持ってます」って言ったら、「大丈夫だ」って（笑）。

――いわゆる〝入浴料〟だけは払ってくれたと（笑）。

鈴木　だから、連れて行ってはもらったけど、奢ってもらってないからね。たぶんタクシー代がもったいないから道場のクルマで送ってくれっていうことだったんじゃないかな。で、「そのかわりに入口のお金は俺が払ってやるから、中は自分で払って、終わったらおまえはもう帰れよ」と。つまり、うまいことを使われてただけです。

――ソープ送迎係として（笑）。

鈴木　まあ、それはいいんだけど、そこから20年近くまったく関わりがなかったのに、武藤さんの団体で5年くらい闘うことになるんだから不思議なもんだよ。これは武藤全日本に行ってから感じたんだけど、あの人の言語センスというか言葉のチョイスの仕方が、いちいち引っかかることを言ってくるんだよね。そう思わない？

――フックがあって見出しにしやすい言葉を使いますね。オリジナリティがあるし。

鈴木　だからいま40代から50代くらいの選手はみんな、オリジナルのふりして武藤さんふうのことを言おうとしちゃうんですよ。たとえば10数年前、全日本時代の武藤さんが新日本でＩＷＧＰを獲って、そこから低迷していた新日本にまたお客が入るようになったときがあったじゃん。

――２００８年から２００９年まで、１年近くベルトを持ってたんですよね。武藤さんからＩＷＧＰを奪回した棚橋選手が真の王者になるきっかけにもなって。

鈴木　あのベルトを獲ったとき、武藤さんが「俺が新日本も潤わしてやる」みたいなことを言ったんだよ。それまで「潤わす」なんて言葉は誰も使わなかったんだけど、それ以降いろんな選手が使い始めたよね。

――たしかにそうですね。

鈴木　そういう武藤さんが使い始めた言葉を、得意げに使ってるヤツがいると「うわー、気持ち悪ぃ！」って思う（笑）。カッコつけたこと言おうとするなら、自分の言葉を使うか、知らないところから引っ張ってこいよって。

――同じ業界で有名すぎる人の発言ですもんね。

鈴木　だからいまのレスラーの見てる範囲が狭すぎる。テレビや動画で観たプロレスの動きをやって、言葉は週プロに載ってたものしかしゃべらない。だから誰の言葉を読んでもひとつもおもしろくないんだよ。その点、武藤さんは言葉のチョイスはいまだにおもしろいね。とりわけ頭がいい人間だとは思えないんだけど（笑）。勉強してるふうにも見えないし。べつにこれはバカにしてるわけじゃなくて、独創的で凄いなと思ってる。やっぱりセンスなのかね。

――センスと感性なんですかね。

鈴木　俺が18、19のときにあの人から言われた衝撃的な言葉があるんだよ。新弟子時代、武藤さんとスパーリングすると毎回同じような技で取られるんだよ。それで悔しがってたら、練習後に「おまえ、気にすんなよ。しょうがねえよ。俺、天才だから」って言ったんだよ（笑）。

――ナチュラルな上から目線（笑）。

鈴木　それを当時仲がよかった同部屋の船木さんに話をしたら、「絶対に武藤さんから取られない方法を練習しよう！」って言われて、ふたりで武藤対策を始めて。

――「かならずここで腕十字がくるから」みたいな。

鈴木　そうそう。そうやってふたりで武藤対策の練習をしたんだけどさ。「しょうがねえよ。俺、天才だから」って言える？

――言えないですよね（笑）。

鈴木　それも冗談とか、誰かに聞かせるとかじゃなくて、ふたりきりのシーンで言ってたからね。すげえわ。

――その時点で武藤さんデビュー3年くらいですよね。もの凄い大御所感を出してますよね（笑）。

鈴木　だから俺は半年ちょっとしか一緒じゃなかったから武藤さんの影響をそれほど受けてないけど、90年代の新日本にいたヤツらとかはみんな武藤敬司の影響を受けて、大物ぶったりするんだよ。おまえがやっても全然ダメだぞって（笑）。

――武藤敬司だから許される振る舞いなんだと（笑）。

鈴木　でも俺は武藤敬司が憧れの対象だったことはないんで。それこそ新日本とＵＷＦインターの対抗戦で、髙田（延彦）さんが武藤さんの足4の字で負けたときは凄く悔しかった。「なんで武藤の4の字なんだよ！」っていう怒りすらあった。ＵＷＦはケンカ別れみたいな感じでみんなバラバラになったけど、そのトップの一角である髙田さんがああいう負け方をしたとき、俺たちがやってきたことが全否定された気がしたんだよね。プロレスという大きな世界に飲み込まれた気がしてさ。

――プロレスを否定してＵＷＦに走ったはずなのにプロレスに屈してしまったような感じで。

鈴木　そんな感情がありつつも、２００７年に（7・1）横浜文体で武藤さんと三冠戦をやって、そのときは俺がヒールホールドで勝った。同じプロレス界でも俺らはプロレスとは認められてないような人間だったので、あの試合は自分の中では大きなことだったね。

――たしか特別なときだけ着る白のコスチュームでしたよね。

鈴木　で、武藤さんと俺はまったく別の道を歩んできたはずなのに、いざゴングが鳴って手四つを取る取らせないの攻防をしたとき、同じ匂いを感じたんだよね。これは同じ新日本でも西村（修）、天山（広吉）、永田（裕志）からは感じない。でも船木、山田（恵一）、野上（彰）なんかからは感じるもの。猪木さんがいた時代の新日本の道場の匂いを、武藤さんからも感じることができた。別々の道を歩んできたけど、昭和の新日道場という原点は一緒なんだなっていうのを、全日本のリングで感じたのが不思議だったのを憶えてるね。

プロレスがわかれば世の中が、
そして世界が見えてくる。

斎藤文彦×プチ鹿島

活字と映像の隙間から考察する

プロレス社会学のススメ

司会・構成：堀江ガンツ　撮影：橋詰大地

第41回

スーパースター・ビリー・グラハムの〝鉄腕〟

ハルク・ホーガンもリック・フレアーも、みんなこの男の熱狂的ファンだった。

今年5月17日（アメリカ現地時間）、スーパースター・ビリー・グラハム（79歳）が死去したことをアメリカ専門メディアが一斉に伝えた。

グラハムは1943年9月10日に生まれ、アメリカ・アリゾナ州パラダイスバレー出身。60年代にボディービルダーとして活動し、1970年1月にプロレスラーとしてデビュー。NWA、AWAで活躍して1974年9月に国際プロレスに初来日。1976年8月には新日本プロレスに初参戦してアントニオ猪木とシングルマッチで対戦。1977年4月にはWWWF（現WWE）でブルーノ・サンマルチノを破りWWWF世界ヘビー級王座を初奪取して絶大なヒール人気を獲得した。1987年に腰を負傷して現役を引退したが2004年にWWEの殿堂入りを果たした。

斎藤氏は、このグラハムを「日本とアメリカではとことん評価が異なる。日本では不当に過小評価されている」と言う。その偉大すぎる真の功績に迫ってみたい。

「日本での〝いい外国人レスラー〟の定義は一元的だった。日本のプロレスマスコミが考える〝いいレスラー像〟はテーズとゴッチから始まっています」（斎藤）

——今回は『知ってるつもり?! ビリー・グラハム』というお題でトークしていきたいんですよ。というのも、アメリカ現地時間の5月17日、スーパースター・ビリー・グラハムが79歳で亡くなりましたけど、日本のプロレスファンにとってはあまり大きなニュースになっていませんよね。でもアメリカでは……。

斎藤　凄いビッグニュースですよ。スー

パースター・ビリー・グラハムは、典型的な日本とアメリカでとことん評価が異なるタイプ。日本では不当に過小評価されているんです。

鹿島 だからボクも「ビリー・グラハム死去」の報をネットで見たとき、ジェシー・ベンチュラと勘違いししちゃいましたからね。「あっ、知事をやっていた人だっけ?」って。

斎藤 ビリー・グラハムのオマージュとして登場したのがジェシー・ベンチュラで、それはハルク・ホーガンもまったく同じなんです。だからビリー・グラハムがいなかったら、ハルク・ホーガンもジェシー・ベンチュラも存在していないわけです。

――なるほど。そのふたりがグラハムのフォロワーなんですね。

斎藤 超フォロワーです。だって、そっくりでしょ?

――赤のロングタイツになってからのホーガンなんて、特にそっくりですよね。

斎藤 髪型から筋肉ポーズから、ベアハッグの掛け方から歩き方まですべて完全コピーだったんです。というのは、ホーガンがまだファンだった時代、フロリダ州タンパのアーモリーという体育館で毎週水曜日に定期戦があったんだけど、ホーガンはシーズンチケットを買ってリングサイド3列目の同じ場所にいつも座っていた。ビリー・グラハムを観るためですよ。

鹿島 大好きだったんですね。

斎藤 ビリー・グラハムは単なるヒールのスーパースターというだけでなく、70年代のポップカルチャーをプロレスに持ち込んだ最初の人でもあったんです。つまりサイケデリック文化だったり、ウッドストックの空気感だったり。

――絞り染めのコスチュームなんかもそうですよね。

斎藤 クロスビー・スティルス・ナッシュ&ヤング、ジミ・ヘンドリックスらの世界観、60年代後期から70年代ロックのテイストをプロレスに注入した最初の人物だった。ビリー・グラハムがフロリダで活躍していたのは、ホーガンがまだラッカスというバンドでベースを弾いていた時代。グラハムがフロリダに転戦してくる前はAWAで活躍していたんですが、北部のミネソタではミネアポリス・オーデトリアムで月例定期戦がおこなわれていて、そこに行くとまだレスラーになる前のジェシー・ベンチュラがタイダイ=絞り染めのTシャツを着て会場内を歩き回って、「俺はビリー・グラハムの弟だ」ってホラを吹いていた。凄く有名なエピソードです。

鹿島 ベンチュラは、デビュー前からニセ・グラハムだったんですね(笑)。

斎藤 ハルク・ホーガンは80年代以降のアメリカマット界最大のスター。そしてベンチュラも、日本ではあまり評価は高くないけれど、アメリカではWWEコメンテーターからアクション俳優に転向し、アーノルド・シュワルツェネガーと一緒に映画に出て、ラジオのトーク番組の人気ホストとなり、ミネソタ州知事にまでなった。いまはまたテレビのトークショー番組のホストもやっているメジャーな言論人。そんなアメリカマット界が生んだ超メジャーなふたりが、死ぬほど憧れたスーパースターがビリー・グラハムだったんです。

――リングネームがすでに〝スーパースター〟ですからね（笑）。

斎藤　そんなビリー・グラハムが、なぜ日本で評価が低いかというと、じつは理由があるんです。

鹿島　そこが気になりますね。

斎藤　簡単に言えば、70年代のプロレスマスコミが、活字をよく読むタイプのプロレスファンを洗脳しちゃった結果なんです。ボクの感覚だと、これは「世界最高峰NWA病」とひとつながりの言説です。

鹿島　NWA病！（笑）。この対談でも何度も語られた、NWAこそが世界最高峰だという幻想が邪魔をしたわけですか。

斎藤　日本での「いい外国人レスラー」の定義が一元的だったんです。日本の古いプロレスマスコミが考えるところの〝いいレスラー像〟っていうのは、ルー・テーズとカール・ゴッチから始まっていますね。

鹿島　レスリングがしっかりとできる強い人みたいな。

斎藤　まず、ルー・テーズがいて、カール・ゴッチがいて、パット・オコーナー、ダニー・ホッジ、ウィルバー・スナイダー、そのあとにビル・ロビンソンでしょ。それで猪木さんの対戦相手を務めたWWF王者はボブ・バックランドで、歴代NWA世界チャンピオンで日本で評価が高いのはドリー・ファンク・ジュニア、ジャック・ブリスコ、ハーリー・レイス。言ってみれば、みんなプロレスがもの凄く上手で、わりと似たようなタイプばかりなんです。

鹿島　全日本はNWA世界王者に最高の価値を置いていて、新日本はストロングスタイルを標榜していたわけだから、なんかそれもわかりますね。

斎藤　そういった評価の仕方、ひとつの物差しにあてはめちゃうと、実際に観る前から「あんなもの」って言われちゃうタイプがビリー・グラハムだったんです。これはブルーノ・サンマルチノが日本ではあまり評価が高くないこととある意味、共通している。

「70年代の日本のプロレスマスコミが、ショーマンを差別的に扱っていたところもあったという。ただアメリカ現地で観ると違う」（鹿島）

――「ベアハッグだけだろ」みたいな（笑）。

鹿島　スタン・ハンセンやブルーザー・ブロディが台頭するまで、日本ではパワーファイターに対する評価が低かったかもしれないですね。

――パワー一辺倒だと「でくの棒」みたいに言われたりして。

鹿島　ハルク・ホーガンだって当初はそう言われ続けましたからね。

斎藤　世界最高峰NWAみたいな定義の中に押し込めちゃうと、でくの坊になってしまうかもしれない。だからホーガンは日本のリングに上がるときだけ、試合を意図的にジャパニーズ・スタイルに変換していた。

鹿島　そうじゃないと日本で評価されな

いっていうのがわかっていたわけですね。さすがだな。

斎藤　これはロード・ウォリアーズもそうで、アメリカでの試合より、日本に来たときのほうが、はるかにいろんなことをやっていたんです。

鹿島　暴走しているだけじゃなくて、ちゃんと勉強していたんですね。

斎藤　ビリー・グラハムがかわいそうだったのは、そういった日本での独特の評価のされ方を知らずに、ヘンな話、無防備で日本に来ちゃったことです。

鹿島　本場アメリカ直輸入。いまならそっちのほうが歓迎されそうですけどね。

斎藤　いまのファンは映像を先に観て予習をしているから、「この人はこんなふうに見よう」という準備ができているので、いまならもっとウケたかもしれない。でも当時の日本のプロレスマスコミの外国人レスラーに対する一元的な価値観だと、「写真で見るといいけど、あれはしょっぱいよ」みたいな評価になってしまい、観る側もその影響をモロに受けてしまったんです。

――「レスリングよりもポージングのほうが多い、見掛け倒しのショーマン」みたいな評価になって（笑）。

斎藤　それはもう洗脳に近かったと思います。

鹿島　その洗脳というと、70年代は猪木さんの新日本が「うちはストロングスタイル。全日本のショーマンスタイルとは違う」という打ち出しをしていましたけど、それとは別に、70年代の日本のプロレスマスコミが、ショーマンを差別的に扱っていたところもあったわけですか。

斎藤　プロレスラーにはいろんなタイプがいて、それぞれが違う才能を持っているからこそ豊かでおもしろいと思うんですけど、当時、日本のプロレスマスコミが「一流」と認めるのは、先ほど言った「レスリングができて強い人」というのがほとんどで、それにそぐわない型のレスラーや、器用じゃないタイプは初期設定の段階で一枚も二枚も劣る評価をしていた。それがじつはプロレスの楽しみ方を歪めていたと感じるんです。

――たしかに90年代に多団体時代になってから、アメリカのインディーシーンやデスマッチ、ルチャ・リブレ、女子プロレスとか、多種多様なプロレスが日本でも花開きましたけど、それらは80年代までは差別されていたところもありますからね。

斎藤　それらはやはり、日本のプロレスのレベルがいちばん高いという思い込みや一種の洗脳が要因だったと思います。実際、70年代のWWEの映像で観るビリー・グラハムはなんともいえず素晴らしいんです。

鹿島　やっぱり現地で観ると違うんでしょうね。

斎藤　プロフィールを少し話すと、ビリー・グラハムは1943年生まれなので、猪木さんと同い年なんですね。ただ、デビューは25、26歳とけっこう遅いんです。それまではボディビルダーでフットボールもやっていて、カナダのCFL（カナディアン・フットボール・リーグ）でプレーしていた時代、オフシーズンにプロレスラーに転身すべく、カルガリーのスチュー・ハートさんに弟子入りしたんです。

――そうなんですか。ハート・ファミリーやダイナマイト・キッド、クリス・ベノワらを輩出し、新日本系の多くの若手レスラーが修行したハート家のダンジョン（地下練習場）で鍛えられたなら、日本のスタイルに合いそうなもんですけど。

斎藤　そういうスタイルの試合をやりたいかどうかは別にして、由緒正しいレスリングの基礎を身につけていることは事実なんです。そして、ダンジョンでスチュー・ハートにさんざん絞められて、グラハムは本格的にプロレス転向を決意するんだけど、カナダからクルマでロングドライブしてアリゾナに帰ってきても、どうやったらプロレスラーになれるかがわからなかった。

鹿島　日本みたいに「練習生募集」とかないわけですもんね。

斎藤　その当時、60年代に一世を風靡した有名なグラハム3兄弟のいちばん上のドク

ター・ジェリー・グラハムが、セミリタイヤしていたんですが、アリゾナに住んでいたんです。グラハム・ブラザースはジェリー、エディ・グラハム、クレイジー・ルーク・グラハムの3兄弟で、典型的なレスリングブラザーズで実際は血はつながっていない。

──叶姉妹的な感じで（笑）。

斎藤 余談になりますが、ビンス・マクマホンが子どもの頃にあこがれていたレスラーがジェリー・グラハムだったんです。なぜ「ドクター」なのかと言うと、リング上で催眠術を使うっていうギミックだったんです。

鹿島 へえー（笑）。

斎藤 ジェリーは最高にカッコいいヒールだったんだけど、最後はアルコール依存症のようになって、太ってしまい、仕事もなく、落ちぶれていた。そしてある夜、ナイトクラブで若き日のグラハムと出会った。グラハムはジェリーに「俺、じつはプロレスラーなんだけど」と打ち明けた。

「現代はネット社会だから死語になっていますが、昔は〝ファントム・タイトルチェンジ〟が仕掛けられることがあったんです」（斎藤）

──現役晩年のジェリー・グラハムと、レスラーになる前のビリー・グラハムが出会ったと。

斎藤 グラハムは本名のウェイン・コールマンでカルガリーでデビュー戦だけやっていたんです。「俺はスチュー・ハートのところでプロレスを習ってきて、いまはどこかのリングで仕事をもらうチャンスを待っているんだ」って相談したら、ジェリーが「じゃあ、俺の弟になれよ」と言ってスーパースター・ビリー・グラハムが誕生したんです。ジェリーとビリーは第二次グラハム・ブラザースとして、まずサンフランシスコとロサンゼルスの西海岸エリアをツアーした。

鹿島 偶然の出会いから、グラハム兄弟の末弟になったと。

斎藤 「ビリー・グラハム」というリングネームは、有名なキリスト教伝道師から名前を拝借して、「スーパースター」は当時アメリカでヒットしたミュージカル映画『ジーザス・クライスト・スーパースター』から取って、スーパースター・ビリー・グラハムになったんです。

──そして、その曲が日本におけるプロレス入場テーマ曲の元祖になるわけですよね。

鹿島 そのエピソードは有名ですよね。

斎藤 1974年に国際プロレスに初来日したときですね。キャリア4年くらいで初めて日本に来て、そのときはもうすでにタイダイ柄のタイツを穿いた〝完成品〟になっていた。そのシリーズで、日本で最初に入場テーマ曲を使ったのがビリー・グラハムだったです。

鹿島 いま振り返ると歴史的なことですよね。

斎藤 それはビリー・グラハムの偉大さとともに、当時の国際プロレスと東京12チャンネルのセンスがとてもよかったということとでもあると思います。

鹿島　国際プロレスってじつは先進的な団体で、いろんなことを新日本や全日本に先駆けてやっているんですよね。

斎藤　ビリー・グラハムが初来日したとき、国際プロレスはいろんなおもしろいことをやっているんです。たとえば、リング上にベンチプレス・ベンチを設置してどちらがより重いバーベルを挙げることができるかを競わせるというベンチプレスコンテストを日本で初めてやったり。そこでグラハムと対戦したのが、元を正せばボディービルダーだったアニマル浜口でした。

鹿島　いいですねえ。

斎藤　ビリー・グラハムは、国際プロレスの看板タイトルであるIWA世界ヘビー級王者として初来日するんですけど、じつはそこにはいわゆる「ファントム（幽霊、お化け）」だったんです。

鹿島　「ファントム」っていうのは、どういうことですか？

斎藤　これはプロレス用語で「ファントム・タイトルチェンジ」と言って、実際にはおこなわれなかったであろうタイトルマッチで、王座移動が成立する、あるいは系譜上は成立したことになるケースです。

鹿島　実際にはなかったであろうけど、あったことになっているタイトル移動ですか（笑）。

斎藤　現代はどんな試合でもだいたい映像が残されるし、ネット社会だから情報は瞬時に世界じゅうに伝わりますね。だからファントムという単語そのものが〝死語〟になっているけれど、昔はいろいろな事情で「ファントム」が仕掛けられることがあったんです。１９７４年当時の国際プロレスは、IWA世界ヘビー級王者だったストロング小林が退団－フリー宣言して、新日本で猪木さんと「昭和の巌流島決闘」をやった。IWA世界ヘビー級王座はいったん空位になり、その後、１９７４年6月に国際がビル・ロビンソンを呼んで、ラッシャー木村vsビル・ロビンソンの王座決定戦をおこない、勝ったロビンソンが数年ぶりにふたたびベルトを巻いたわけです。でもロビンソンはIWA世界王者のままアメリカに帰り、王座は海外流出ということになった。

鹿島　「王座海外流出」って、昔は一大事でしたよね。

――「日本の至宝が持ち去られた！」って（笑）。

斎藤　ここで「ファントム」がおこなわれるんです。同年8月にコロラド州デンバーで、9月に初来日が決まっていたビリー・グラハムがロビンソンを破り王座が移動し、新チャンピオンになったことになっている。そのニュースは日本のプロレスマスコミで一斉に報じられたわけです。東スポにも『ゴング』にも『月刊プロレス』にもまったく同一カットの写真が配られて、ですね。そして「ロビンソンに勝った凄いヤツが来る！」という感じで、IWA世界王者としてグラハムが初来日するんです。

鹿島　ロビンソンvsグラハムを観たという人はいないけど、証拠写真だけはあるっていうのがいいですね（笑）。

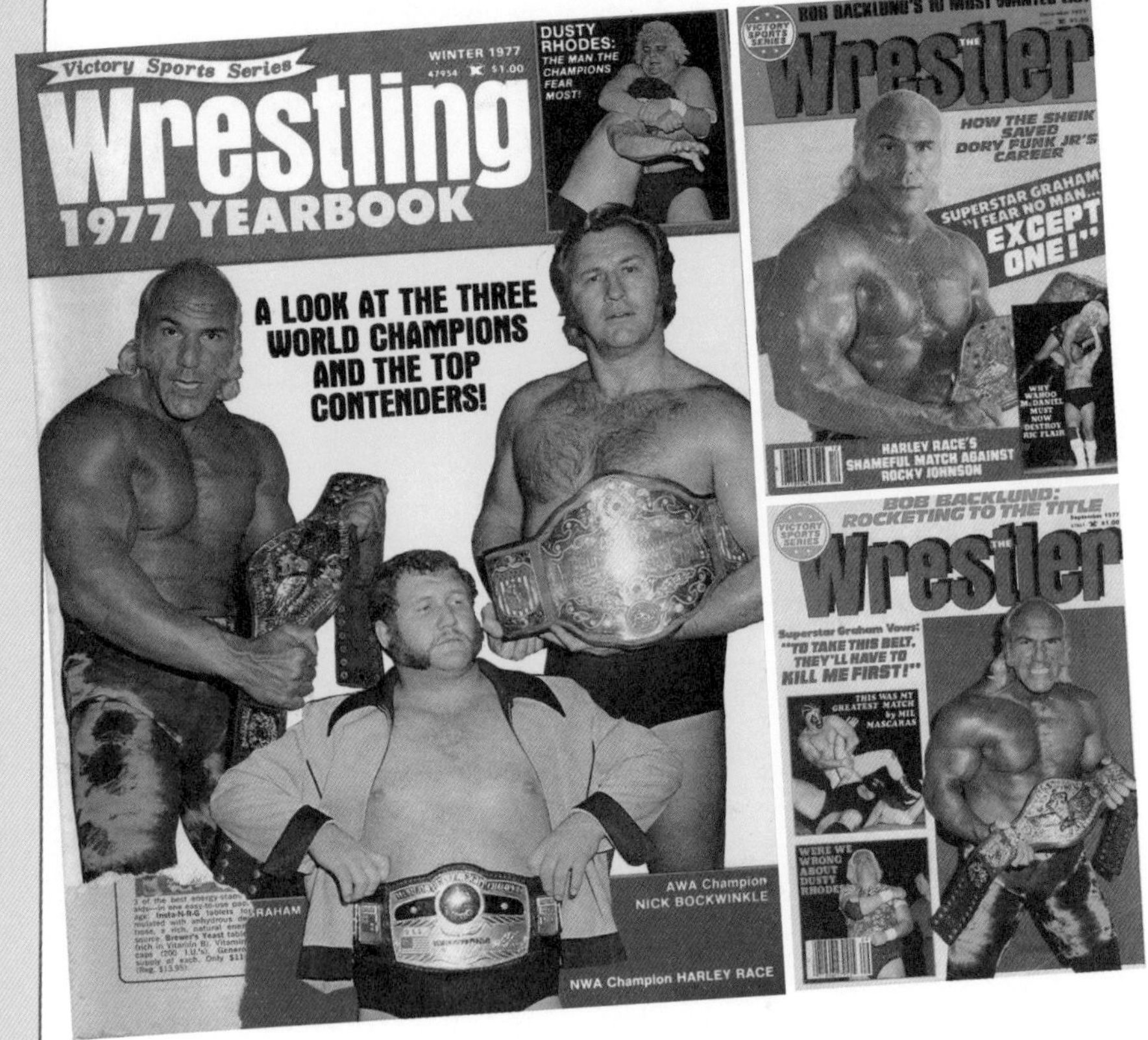

斎藤　『ゴング』には、どう見ても合成写真なんだけど、IWAのベルトを腰に巻いたグラハムの写真が掲載されていたんです。

「国際ならエース級の日本人レスラーより格上のスーパースターという立場で登場できるが、馬場、猪木が相手だとそうはいかなかった」（鹿島）

——デジタルではなく手作業での画像加工で（笑）。

斎藤　後年、ボクはビル・ロビンソン本人にそのときの状況について聞きたかったんですが、ロビンソンからの「それは聞いてくれるな」っていうオーラが凄かったんですね（笑）。

——「俺の口からそれを言わせるのか」という感じで（笑）。

斎藤　ロビンソンは、1975年12月の猪木さんとの60分フルタイムドローについては雄弁に語りましたが、それから半年後に主戦場を全日本に移して、最初に闘った馬場さんとのPWF戦についてはほとんど語らなかった。猪木さんとの試合は60分時間切れのドローでしたが、馬場さんとの試合は60分3本勝負で、ロビンソンは2本フォールを取られて完敗を喫していますよね。その試合の詳細についても、もの凄く聞きづらかったんです。それと一緒で「グラハムとのタイトルマッチっていうのは本当にあったんですか?」っていう質問が、ボクも喉まで出かかっていたんだけど、聞けなかった（笑）。

鹿島　でも、その歴史の真実は当事者から聞きたかったですよね。

斎藤　そしてグラハムは、ロビンソンからIWA世界王座を奪った1カ月後の9月15日に国際プロレスに初来日。このとき、IWA王座奪回を託されたのがマイティ井上だった。マイティさんはこのシリーズ中に3回王座に挑戦して、3回目にしてついに逆さ押さえ込みでグラハムに勝って、IWA世界王座を日本に取り戻したというわけです。

鹿島　いわば、マイティ井上という国際プロレスの〝ニュースター誕生〟にビリー・グラハムが関わったということですね。

斎藤　凄く大事な役割を果たしているんです。ただ、マイティさんに敗れて1シリーズでタイトルを落としたことは、特にこのシリーズが初来日だったこともあり、日本での評価は分かれるところなんですね。

――マイティさん自身、国際のエースになったのはグラハムに勝ってから、翌年マッドドッグ・バションに敗れて王座転落するまでの半年間でしたからね。グラハムは「ロビンソンに勝ったのは凄いけど、井上に敗れてしまったので超一流とは言えない」みたいな感じになったと。これが新日本や全日本で、猪木、馬場に負けて王座転落なら話が違うのかもしれないけれど。

斎藤　ただ、初来日が新日本でもなく、全日本でもなく、国際だったということで、〝まだ見ぬ最後の強豪〟だったグラハムは超大物として扱われたし、グラハムもグラハムらしく振る舞うことはできたという部分はあったと思います。

鹿島　たしかに。国際ならエース級の日本人レスラーより格上のスーパースターという立場で登場できるけれど、70年代半ばの馬場、猪木が相手だとそういうわけにはいかないですもんね。

斎藤　それでグラハムの2度目の来日は1976年8月の新日本「闘魂シリーズ」だったんですね。イワン・コロフとのコンビで、ビンス・マクマホン・シニアのラインに乗ってWWFから新日本にやってくるわけです。シリーズ前半戦の特別参加だったんですが、猪木さんとのシングルマッチも実現していて、猪木さんが卍固めで勝っている。

――シングルでいきなりギブアップ決着ということは、特別参加とはいえ、トップ扱いじゃなかったということですね。

斎藤　これについても「評価が低いな」と思うのは、グラハムは猪木さんのNWFヘビー級王座に挑戦していないんですね。猪木さんとのシングルマッチはテレビマッチとして実現してはいるんですが、その試合はシリーズ前半戦のひとコマで、タイトルマッチではなかった。

鹿島　ロビンソンを破ったIWA世界王者扱いだった国際とは、だいぶ違うわけですね。

斎藤　ただ、猪木さんなりの着地点というか、フィニッシュは特別な試合にしか使わない卍固めだった。そこが〝落としどころ〟だったのでしょう。だから、新日本での評価はそんなに高くなかったんですけど、1976年8月ですから、あのアリ戦から2カ月後の猪木さんということを考えると、そのくらいの扱いしかなかったのかなという気もします。その後、グラハムはアメリカでは超大物になっていくんです。新日本に来てから1年後、グラハムはブルーノ・サンマルチノに勝ってWWFチャンピオンになるんです。サンマルチノにフォール勝ちしちゃうっていうのはもの凄いこと、歴史的な一戦なんです。

鹿島　それこそ日本で馬場、猪木からベルトを奪うようなもんですよね。

斎藤　絶対的なチャンピオンがホームリングで敗れると、その後の東海岸エリア全体の観客動員に影響が出る可能性があるわけです。そこはビンス・シニアも危惧したようで、マジソン・スクエア・ガーデン定期戦では王座交代をさせず、ボルチモアでのハウスショーでのやや唐突な王座移動。しかも〝反則エビ固め〟っていう、グラハムの専売特許みたいな技で、レフェリーのミスジャッジ的な含みを残すエクスキューズ付きのカウント3だった。

鹿島　〝反則エビ固め〟って、ロープに足を乗せながらやるエビ固めですか？

斎藤　そうです。形は普通のエビ固めなんだけど、押さえ込んでいるグラハムの両足がセカンドロープに乗っているっていう、絵に描いたような反則プレー。子どもの頃にあれを見て、「ロープに足を乗せるとそんなに重いのかな？」って思いませんでした？（笑）。

鹿島　なぜか、あれをやられると返せないという（笑）。

斎藤　その反則エビ固めでグラハムが勝って、ファンは「反則だ！」って怒るんだけど、レフェリーは見ていないからピンフォールが成立してグラハムがサンマルチノ第二政権にピリオドを打った。これが結果的にその次のボブ・バックランド政権への橋渡しになるわけですが、それまで第一次サンマルチノ政権からペドロ・モラレスに移るときのイワン・コロフにしても、ペドロ・モラレスから第2次サンマルチノ政権に移るときのスタン・スタージャックにしても、ヒールのWWFチャンピオンはだいたいの場合、ワンポイントですよね。

「アメリカでは日本で考えられているよりもはるかにグラハムのステータスは高い。プロレス史に残るスーパースターです」（斎藤）

――順番は前後しますけど、ボブ・バックランドからハルク・ホーガンに移るときのアイアン・シークもそうですよね。数日天下っていう。

斎藤　ところが、グラハムは人気がありすぎて10カ月間、タイトルを持ち続けちゃうわけです。グラハムはヒールはヒールなんだけど、チャンピオンとして登場したマジソン・スクエア・ガーデン定期戦は11カ月連続でソールドアウト。大変な観客動員力だったんです。

――人気がありすぎて、ボブ・バックランドが王者になるのが先延ばしになってしまったという。

斎藤　現役のWWF王者の新日本マット初登場は、じつはボブ・バックランドじゃなくて、ビリー・グラハムが一度だけチャンピオンとして来ているんです。そのときに防衛戦もやっていて、1978年2月8日の日本武道館、チャレンジャーは猪木さんじゃなくて坂口征二。その試合はタイトルマッチなんだけどセミファイナルに組まれて、その日のメインイベントはアントニオ猪木vs上田馬之助の釘板デスマッチだった。

鹿島　あー、あの日のセミだったんですか。猪木が釘板に落ちて死ぬんじゃないかって、ドキドキしながら観ていましたよ（笑）。たしか小学1年生くらいだったと思うんですけど。でもセミがビリー・グラハムvs坂口征二だったのは、まったく憶えていませんでしたね。

斎藤　だからグラハムは、せっかくWWFチャンピオンとして日本に来たのにわりと印象は薄くて、挑戦を受けたのはトップの猪木さんじゃなくて、ナンバー2の坂口さんだった。そして坂口戦でもフォール勝ちではなくカウントアウトで王座防衛して、アメリカに帰るんです。

――猪木さんや新日本からしたら、〝格下〟である国際プロレスのマイティ井上に負けているビリー・グラハムとアントニオ猪木を同格に闘わせるわけにいかないという思いがきっとあったんでしょうね。

斎藤　グラハムにとってはちょっと気の毒な役回りだった。アメリカでは文句なくスーパースターの中のスーパースターなのだから、日本のリングでももっと大切にされてもよかった選手でした。1982年1月にもまた新日本に来るんですが、そのときはアブドーラ・ザ・ブッチャーとダスティ・ローデスが同時参加したシリーズで、あまり目立たなかった。ビリー・グラハムのキャラクターを考えたら、木村健悟とかブレイクする前の長州力を秒殺するような売り方もあったんじゃないかと思うんです。

――だから、それこそ初来日が新日本だったら、また違っていたかもしれないですよね。

斎藤　超大物として新日本に初来日して、タッグマッチで猪木さんが1回でもフォール負けしてからNWF王座に挑戦とか、そういう展開だったら、日本のファンの印象もまったく違っていたと思います。

鹿島　スタン・ハンセンなんかは、そのやり方でスターダムにのし上がったわけですもんね。

――だから、よくも悪くも初来日が1974年の国際プロレスだったことの影響が大きかったという。

斎藤　しかも、当時の国際のテレビ中継はTBSではなくて東京12チャンネル。いまのテレ東で東京ローカルでしたからね。

――それもあって、日本では超大物扱いされなかった超大物レスラーだったと。

斎藤　だから今回、グラハム死去のニュースが伝えられたあと、アメリカのマニアが「えっ、グラハムと猪木のシングルマッチが実現してたの？　ウソーッ！」って、いまごろになってその試合のビデオを発掘しようとしているんです。その試合は新日本プロレスワールドにも〝格納〟されていないから。

鹿島　なるほど。日米の70年代のスーパースターだけれど、いっさい交わっていないとマニアにも思われていたわけですね。

斎藤　実際、アメリカでは日本で考えられているよりもはるかにグラハムのステータスは高い。プロレス史に残るスーパースターです。2004年にグラハムがWWE殿堂入りしたとき、グラハムを紹介したのがタキシード姿のハルク・ホーガンで「グラハムさんがいなければ私はいまここには立っていません」とスピーチした。そしてダスティ・ローデスやリック・フレアーも「私はグラハムの影響を受けた」ってコメントしているんです。ホーガン、ローデス、フレアーというアメリカンプロレスを象徴するような人たちが、みんなグラハムの影響を公言している。凄いことなんです。

――フレアーのしゃべりはグラハムの影響って言われてますもんね。

斎藤　いかにリング上でその立ち居振る舞いを華やかに見せるか、そういうことも含めてグラハムの影響が感じられる。アメリカではそういう所作について「ニュアンス」という表現を使うんですが、「プロレスラーはグラハムのニュアンスを学びなさい」っていうことです。

鹿島　でもグラハムがなぜ日本で過小評価されていたのかっていうことは、日本のプロレスの歴史を考える上でも大事ですよね。

『世界のプロレス』みたいな番組が
もうちょっと早くから始まっていれば、
日本でのグラハムの評価も
変わっていたかもしれないですね」（鹿島）

斎藤　先ほどもお話ししたとおり、70、80年代の日本のプロレスマスコミが、見る前から低評価を下していたということは事実としてあると思うんです。それはグラハムのフォロワーであるジェシー・ベンチュラあたりも含めて。ボクも少年時代は、そういった記事を読んで信じていたクチなんです。でも実際にアメリカに行ってベンチュラの試合を観たら、めちゃくちゃおもしろかったんです。いまグラハムのMSGでの試合映像を観たら、最高のスーパースターで、グラハムにはグラハム・スタイルのプロレスがあったということが理解できると思います。だからビリー・グラハムは、アメリカではもの凄いビッグネームなのに日本ではあまり評価されなかったレスラーの典型なのです。

――80年代の日本では『レッスルマニア1』

以降のＷＷＦも、数年間は「あんなもの」扱いされていましたもんね。

斎藤　「ショーだ」「茶番だ」「インチキだ」ってね。

――それを思うと、猪木さん全盛期の70年代の新日本にグラハムがやって来ても、そういう扱いなのがなんとなくわかりますね（笑）。

斎藤　ちょっと早すぎたんでしょうね。70年代カルチャーを最初にプロレスに持ち込んだパイオニアという文化的な価値や位置づけも、当時の日本ではピンと来なかったかもしれない。また、グラハムの黒歴史で言えば、ステロイドを使って筋肉をデカくした最初のスーパースターだったというのもあります。

鹿島　そっちも先取りしちゃっていた（笑）。

斎藤　ステロイドの濫用で身体が蝕まれていき、臓器移植をしたり、足首の骨が粉々に砕けてしまって最後は車椅子生活だったりしたんです。ドーピングは90年代に入ってプロレス界、さらにスポーツ界の大きな問題にもなりますが、グラハムはよくも悪くもその先駆けでもあったんです。

鹿島　いろんなシンボルであったということですね。

斎藤　だからこそ、ニューヨークで花開いたんだと思います。ヒールのＷＷＦ王者として10カ月間君臨したときは、アメリカのプロレス雑誌はどれを見てもグラハムの表紙ばかりでした。

――時のＮＷＡ王者だったハーリー・レイスではないんですね。

斎藤　そうです。１９７７年の夏、マイアミでグラハムとレイスのＷＷＦとＮＷＡのダブルタイトルマッチも実現しています。しかも、両者リングアウトでふたりともベルトを守っている。つまり、チャンピオンとしての格づけでもグラハムとレイスは対等だったということです。

鹿島　だから『世界のプロレス』みたいな番組がもうちょっと早くから始まっていれば、日本でのグラハムの評価も変わっていたかもしれないですね。

――たしかにそうですね。『世界のプロレス』は現地の盛り上がりをそのまま日本で放送していたわけだから、どれだけグラハムが客を沸かせていたかがわかる。プロレスって、その土地土地や会場の空気込みですもんね。

斎藤　前号のテーマでお話したように、ジェリー・ローラーはテネシーで観れば最高におもしろいし、サンマルチノやグラハムはニューヨークで観れば、いかに神がかり的なスターであったかがわかるということでしょう。

――サンマルチノの試合はＭＳＧで観るのが最高で、猪木の試合は蔵前で観るのが最高という。

鹿島　それがプロレスのいいところでもありますよね。

斎藤　プロレスというのは、その土地土地やいろいろな国々で異なる価値観やプレゼンテーションがあるからいいんです。ひとつの物差しで一元的な見方をするとわからないことがたくさんある。猪木さんとグラハムは同い年という話を先ほどしましたが、70年代後半、アントニオ猪木が日本で異種格闘技戦シリーズを闘っていた時代、ビリー・グラハムはWWF王者としてMSG定期戦を毎月超満員にしていた。同じ時代に同い年のスーパースターが、まったく別の場所でまったく別の価値観のプロレスを見せて、それぞれファンを熱狂させていた。それこそがプロレスの豊かさなんだと思います。

プチ鹿島
1970年5月23日生まれ、長野県千曲市出身。お笑い芸人、コラムニスト。大阪芸術大学卒業後、芸人活動を開始。時事ネタと見立てを得意とする芸風で、新聞、雑誌などを多数寄稿する。TBSラジオ『東京ポッド許可局』『荒川強啓 デイ・キャッチ！』出演、テレビ朝日系『サンデーステーション』にレギュラー出演中。著書に『うそ社説』『うそ社説2』(いずれもボイジャー)、『教養としてのプロレス』(双葉文庫)、『芸人式新聞の読み方』(幻冬舎)、『プロレスを見れば世の中がわかる』(宝島社)などがある。本誌でも人気コラム『俺の人生にも、一度くらい幸せなコラムがあってもいい。』を連載中。

斎藤文彦
1962年1月1日生まれ、東京都杉並区出身。プロレスライター、コラムニスト、大学講師。アメリカミネソタ州オーガスバーグ大学教養学部卒、早稲田大学大学院スポーツ科学学術院スポーツ科学研究科修士課程修了、筑波大学大学院人間総合科学研究科体育科学専攻博士後期課程満期。プロレスラーの海外武者修行に憧れ17歳で渡米して1981年より取材活動をスタート。『週刊プロレス』では創刊時から執筆。近著に『プロレス入門』『プロレス入門II』(いずれもビジネス社)、『フミ・サイトーのアメリカン・プロレス講座』(電波社)、『昭和プロレス正史 上下巻』(イースト・プレス)などがある。

第136回

総合格闘技が統一されればいいなあというボヤキ

椎名基樹

椎名基樹（しいな・もとき）1968年4月11日生まれ。放送作家。コラムニスト。

5月の末にラスベガスで、中谷潤人がボクシング世界王座の2階級制覇を達成した。

その試合内容は衝撃的だった。最終ラウンドに相手の息の根を止めた左フックは、今年のベストノックアウト賞の筆頭だとか。

大きく左に上半身を傾けて、相手のパンチをかわしつつ放ったオーバーハンドレフトは、配球を読みきって絶好球をフルスイングしたがごときで、無防備な顔面にパンチをくらった相手は、その瞬間に卒倒。戦慄を覚えた。

中谷潤人ほど、テクニカルな日本人ボクサーを今まで観たことがない。村田諒太の世界戦の前座で、初めて彼を観た時、ビューティフルボクシングぶりに驚いてこのコラムでも触れた。

この日、テレビ解説を務めた、ジョー小泉がレポートしたところによれば、アメリカの実況席では、中谷を「スペシャルタレント（特異な才能）」と評していたとか。それはまさにその通りで、中谷はただ強いだけではなく、非常にクリエイティブなボクシングをする。

どんなボクシングキャリアを歩むのか期待が膨らむ。スーパーバンタム級あたりで、井上尚弥と闘って、その後ライト級でジャーボンテイ・デービスと闘ったりしたら大変だ。

なんて気が早すぎ。

7月の末にはついにテレンス・クロフォードvsエロール・スペンスの対戦が決定した。これこそ、私が待ちに待った試合だ。

中谷潤人が、日本人ボクサー史上最高のテクニシャンであるならば、クロフォードは、私的ボクシング史上最高のテクニシャンである。

そのクロフォードと同等の評価を得ている、無敗のテクニシャンである、スペンスがついに激突する。この試合があると思うだけで、毎日なんかちょっと楽しい。

しかし、私が今追いかけているバトルスポーツがボクシングだけであることは、非常に寂しく感じている。

私は、ボクシングの日本人チャンピオン数人と、ライト級以上のチャンピオン（当然、それは外国人ということになるが）数人の試合を楽しみにしている。

ボクシングもそれほど詳しくないので、ボクシング界の顔となるような選手数人を追っかけて、年間数試合を観戦する程度である。

私はそういう見方で総合格闘技を追いかけたかったのだ。日本人選手と、総合格闘技界の顔となる数人の選手の試合を楽しみに待つような。

PRIDEがあった頃は、PRIDEなら

ば何でもいい、総合格闘技だったら何でもいい、そんな気持ちで、興行のすべての試合を観戦したが、今はさすがにそんなモチベーションを保つことができない。

ＵＦＣならば、ナンバー大会でも、軽量級のメインイベントでは観る気がしないし、女子の試合もまったく興味が持てない。ロンダ・ラウジーのようなスーパースターなら別だけど（そういう女子選手はもう現れないのではないだろうか）。

ボクシングのようにビッグイベントだけを選んで観るような視聴スタイルになるには、総合格闘技の世界が統一されていなければならない。

タイトルとプロモーションが分離されていて、過去の戦績が同等に評価され、プロ総合格闘家がいずれ闘う可能性を持つ、ボクシングと同様のそんな世界観が必要だと思う。

しかし、総合格闘技の世界は、現在それぞれのプロモーションがそれぞれのチャンピオンを抱えている状態だ。

業界最高峰のＵＦＣのチャンピオンが世界王者のような認識もなんとなくあるけれど、それはあまりにも手前味噌というものだ。そう思って観なさいって言われたって、まったく納得できない。

さらに、コナー・マクレガーやガヌーといった、スーパースターが、キャリアのピークにもかかわらず、他の高待遇を求めて、離脱してしまったりすると、冷水を浴びせられたような気持ちになり、とてもＵＦＣのチャンピオンが、真の世界王者だと認める気になれない。

マイク・タイソンは「総合格闘技はボクシングより人気があるのに、非常にギャラが安い」と、総合格闘技に対して問題提起していた。「人気」というのはどの尺度で測られたのかはわからないが、タイソンの言葉を額面通り受け止めるなら、プロモーション側に問題があるということだと思う。

過去に変態座談会で、中井祐樹さんにお話を伺った時、「もう一度日本で総合格闘技を盛り上げるのは簡単で、ＵＦＣの日本人チャンピオンを輩出すればよい」とおっしゃっていた。私もその通りだと思ったので同意した。

しかしそれは見当違いで、非常に無邪気すぎたと今は思える。

その時はまだＲＩＺＩＮの人気が出ていない頃だった。総合格闘技の人気を高めるのに必要なのは、カリスマ的選手のＹｏｕＴｕｂｅがバズったり、格闘リアリティーショーをヒットさせることだったのだ。日本人がＵＦＣのチャンピオンになったとて、ネットニュースになるくらいだろう。

総合格闘技が勃興し始めた当時、この新しいバトルスポーツがボクシングに変わるオルタナティブな存在になると思った。

しかし、プロモーションが認定するタイトルを争う興行形態、プロモーションのブランドが先んじ、おらが国のスターを応援する世界観などを見ると、総合格闘技とは、形を変えた、プロレスだったのだと思う。

しかし、閉じた世界のスポーツエンターテインメントは、いつか衰退していくのではないだろうか。私がボクシングを観る理由は、歴史の一部を目撃したような気持ちになるからだ。プロモーションごとに閉じた総合格闘技では、そういう気持ちにはなれない。

40歳になったバカサバイバーが
「40過ぎてからの格闘技」を
リアルに考えていて、
それを全部しゃべった！

収録日：2023年5月29日
撮影：タイコウクニヨシ
聞き手：井上崇宏

KAMINOGE LIFE AHEAD

バカサバイバー

青木真也

「ONEとの契約は2014年1月までだから、
いよいよどうしよっかなって。これから何をやればいいのか？
引退してすぐ復帰しようかとか。
だってさ、ほかにやることがないじゃん。
結局40になってくると、
人生におけるだいたいの目星がついちゃうわけじゃん」

ATHLETIC

「5月9日に40になりました。前日の5月8日に川尻達也が45になって、宇野薫さんが48になったんです」

――青木さんとお話をするのは去年3月の秋山（成勲）戦の前以来ですよね。ということは1年以上ぶりか。

青木　ご無沙汰してますよ、本当に。

――あのときは「サクっと行ってきますわ」みたいな感じでしたけど。

青木　そうそう。「サクっと行ってきますわ」って言っておきながら、いかれたでしょ。やっぱり俺、自分で凄いと思った（笑）。あの試合のハイライトは東スポの前田（聡）が連絡してきて、「やっぱ青木さんは最高ですよ」ってひたすら絶賛してきたことですね。

――それはまだシンガポールにいるとき？

青木　そう。試合が終わって1時間後くらい。

――はやっ！　アイツ、センスあるなー（笑）。

青木　東スポの前田が凄いのは、去年11月に俺がロシア人（サイード・イザガクマエフ）にもやられたじゃん。そのときも試合が終わって1時間後くらいにLINEしてきて、「青木さん、今回の負けはよかったと思います。ここで勝っちゃうとこの前の秋山戦の負けが軽くなっちゃうんで」と（笑）。

――アハハハ！「その調子でこれからも秋山戦の1敗の重みを大事にしろ」と（笑）。

青木　「いや、ここは負けでいいと思うんですよ」みたいな。アイツ、ナメてるでしょ（笑）。前田はちょっと次元が違う。アイツは凄い。

――青木番でありながら、青木真也をまったく応援していないという（笑）。

青木　そう（笑）。なんかこう、「勝ってほしい！」とかっていう感情がないんだよね。

――それで青木さんは最近40になりました？

青木　5月9日に40になりましたね。前日の5月8日に川尻達也が45になって、宇野（薫）さんが48になったんですよ。

――あっ、宇野さんってもう48なんですか。

青木　そう。それでさ、やっぱ秋山戦で負けたあとに（ケンドー・）カシンさんなんかはああいうときはちゃんと心配してくれて「大丈夫か？」みたいな感じで声をかけてくれるんですよ。

――東スポの前田と違って、意外とそういう人ですね。

青木　で、藤田和之さんは「よかったね。エンジョイですよ」って（笑）。

――「エンジョイですよ」（笑）。

青木　それで「たくさんお金もらった？」って聞かれて「は

い」って答えたら、「よかったね。大事にしなよ」って言って歩いて去って行きましたね。

——みんないいなあ（笑）。

青木　そうなんですよ。みんな次元が違うんですよ。藤田さんの「たくさんお金もらった？」っていうのは凄くいいっスよね。「大丈夫。もうこれはエンジョイですよ」って言って、そのあと気持ちよくプロレスの試合をやられていましたね。

「カネで納得するしかなかった試合は、やってみたらあんまりよくないというかおもしろくなかった」

——40歳ということで、青木さんもアスリート的にはもう大先輩じゃないですか。

青木　そうですね。だからもう同世代がそんなにいないんですよ。俺はちょっと上の世代と一緒にやっていたじゃないですか。もうみんないないですよ。

——同時代を生きてきた仲間たちが現場にいないと。ただ、『KAMINOGE』読者世代、そして私たちからすると、まだ40といったらコワッパでして（笑）。

青木　コワッパじゃないですか。でもさ、格闘技選手としては40になったらみんな辞めていくじゃん。それでやっぱり40になってくるともう変われないじゃん。ここまでこんな感じで来ちゃうと。これで食っていくとか、これをやって生きていくしかないんだけど、ずっと試合をするわけじゃないし、じゃあ、どうやって生きていこうかってなっちゃうようね。

——フィジカル的にはそうでしょうね。

青木　だから40過ぎて格闘技の試合をしている人って難しいと思うんだよね。どう見せるかっていうのが。

——40過ぎてからの格闘技。

青木　それは難しいよ。

——ひとつの仕事をやっていて、それを終えたときにガラッと違うことをやれる人もいるでしょ。

青木　あれがわかんないんだよね。だって意味ねえじゃん。「あっ、べつにそれでもよかったんだ？」みたいな。

青木　で、だいたいそれってちょっとコケるじゃん。脱サラしてからの蕎麦屋みたいなのって、なんかコケるじゃん。

——なんかできる気になるんですよね。

青木　そりゃ一発はうまいもんを作れるよ。でもアベレージでは出せないっていうのをそういうヤツらはわかってねえんだよ。

——たぶん開店してから1週間くらいで「すげえ疲れるな……」ってなるし。「めっちゃ腰に来たわ。これ、サラリーマン時代よりも大変じゃん……」みたいな。

青木　だから俺もこれからどうやって行こうかなと思ってるけど。

——具体的にはONEとの契約は？

ATHLETIC

青木　ONEとの契約は2024年1月まで。

——もう1年ないんですね。

青木　そう。だから、いよいよどうしよっかなって思っちゃうんですよ。

——どうしよっかなってっていうのは、契約更新もある？

青木　俺の中ではもう充分にカネはもらったじゃん。あのね、井上さん。これを言っちゃったらみんな怒ると思うんだけどさ、去年11月に「えー。俺、こんな試合を組まれるんだ……」と思っていたんだけどさ、「まっ、カネもらえるし、やるか」って最後はカネだったんだよ。

——カネのために試合をやったと。

青木　カネのためというか、カネで納得するしかなくなったんですよ。

——自分を納得させるにはカネだった。

青木　それで「まっ、いっか。仕事だしな」と思ってやったんですけど、やっぱそれをやるとあんまりよくねえと思うんですよ。おもしろくないですよね。

「社会における営みっていうもの、家族を作るとか、無駄だと思っていた非合理的なものにも意味ってあるんだよな」

——カネでやってみた結果、おもしろくなかった？

青木　はい。べつに勝ち負けじゃなくて、「なんかこれ、違うんだよな……」と思った。それがあったからなおさら「じゃあ、これから何をやればいいのかな？」みたいなことを思っちゃってるんですよね。

——それは引退ですね。

青木　引退なんだ？

——そんなふうに思ったらもう引退じゃないですか？　全部正直にお話をしてくれているところ恐縮ですが（笑）。

青木　もう引退だねえ（笑）。

——よし、すぐに引退してください（笑）。

青木　わかった。すぐに引退して、すぐ復帰しよう（笑）。

——そう。エンジョイですよ（笑）。

青木　エンジョイだよねえ（笑）。いやー、引退なんだよなあ。

——でも「すぐ復帰しよう」っていうのはなんですか？（笑）。

青木　だって、ほかにやることがないじゃん。結局40になってくると、人生におけるだいたいの目星がついちゃうじゃん。俺みたくこんな生活をやってるとさ。井上さんたちは幸せだよ。

——えっ、どういうこと？

青木　だって子どもがいるじゃん。

——青木さんだって子どもがいるじゃないですか。何人でしたっけ？

青木　3人。

――めっちゃいるじゃん（笑）。

青木　俺はもう離縁だから（笑）。

――あれ？　そういえば離婚ってしたんですか？

青木　した。

――おおー。で、なんで子どもがいると幸せ？

青木　だってさ、みんながなんで犬を飼うのかっていうのが俺にはわかったんだよ。

――おー、どうぞどうぞ。聞きたい。

青木　あれって要は生活に不確定なことを求めてるんだよ。たとえば急に病気になったりとかトラブルが起きたりとかするじゃん。それの対応をすることによって40、50代の人生を楽しむんだと思う。子どもにしたって育児というやりがいというか、暇つぶしをしているわけですよ。俺にはもうそれがないからさ。じゃあ、俺も犬を飼うかっていうとまたちょっと違うじゃん。だから難しいなって思う。

――「俺も犬を飼うか」って（笑）。

青木　犬を飼うってそういうことだと思うんだよ。これ、芯を食ってますよね（笑）。だから俺はマジでどうやって生きていくかでいま悩んでる。社会における営みっていうもの、家族を作るとか、無駄だと思っていた非合理的なものにも意味ってあるんだよなって。「すげえな社会！」と思って（笑）。

「格闘技界で世代がガラッと変わったことは凄くいいこと。だって俺みたいなことをする人がほかにいないわけだから」

――いや、だからひとついいなと思っていうのは、青木さんが前々から言っている「俺たちはファミリーなんだ」という言葉。ファミリーだけど家族ではない、家族関係よりももっとポップにゆるく人と付き合っていくんだっていう。

青木　そうそう。ファミリーなんですよ。

――それは私も本当にある意味で正しいなと思いました。

青木　でしょ？

――どんな人でも100パー信用することはできないし、じゃあ、なんとなく気が合う感じのいいヤツとヘラヘラしながら付き合っていくというのは大事だなって。ときにはシリアスに、助け合いながらっていうこともあるにはありつつ。

青木　そんな感じでゆるーく生きていきたいんですよね。あとは格闘技界も世代がガラッと変わったじゃないですか。

――世代が変わって、だいぶ景色も変わりましたよ。

青木　俺はそれは凄くいいことだと思っているんですよ。凄くいいことで、逆に俺にとってはおいしいチャンスだと思っているんで。だって俺みたいなことをする人がほかにいないわけでしょ。じゃあ、俺の客はずっと俺の客でい続けてくれるなっていうありがたさがありますよね。

——たしかにそうですね。あとは言っちゃなんですけど、青木真也はどんどん感じのいい人になっているじゃないですか。

青木　なぜかね。

——なぜか。

青木　寝るところはちゃんと寝ますからね。譲るところは譲るじゃないですか。

——この歳を重ねていくうちに感じのいい男になってきたのは、ちょっと予想外でしたね。

青木　えっ、なんで？　たしかにカシンさんとかはずっと感じがよくないですよね（笑）。

——アハハハハ。あの人はずっと何を考えているのかわからなくて怖い（笑）。

青木　俺はなんか感じがよくなっちゃいましたよねえ。でも40を過ぎた先輩方にもいろんなタイプがいて、たとえば北岡（悟）さんとかはマル精じゃん。見ると精神異常者の疑いありじゃん。狂気的じゃん。俺、ああなっちゃいけないと思うんだよね。宇野さんの方向に行かないと苦しいよ。

——苦しいというのは？

青木　見世物として。そこはほかに仕事があるかどうか、悲壮感が出るか出ないかですよ。宇野さんはほかにアパレルの仕事も好きでやっていてそれが成り立っているから、エンジョイ、趣味だっていうのがわかるんですよ。でも北岡さんは本気でやっているから、どうしても悲壮感が出ちゃうんですよね。『プロ野球戦力外通告』って見世物として成立してるから、じつは悲壮感が出ないじゃん。でも北岡さんくらいまで悲壮感が出ちゃうとカメラが入れないっていうか、見世物として成立していないと思うんですよ（笑）。だから悲壮感って、見世物として成立しているかどうかは大切よ。

——まあまあ、それは人それぞれですよ。

青木　あとはおもしろい話はなんですかね？　U－NEXTとABEMAの対抗戦ですかね。

——いまU－NEXTは格闘技中継をどんどん増やしていて、勢いが凄いですね。

青木　じゃあ、北野雄司を焚きつけてABEMAとU－NEXTの5vs5対抗戦ですね。

——その対抗戦ってなんなの？　関係者が闘うの？

青木　はい。

——北野vs誰々みたいな？

青木　うん。

「なんでアーセンは俺との対談を拒否するんだって。だってアーセンは俺が作ったんだよ？」

——もうちょっと詳しく聞かせてください。それは何で？

MMAで？

青木　適当に言ってるんだからグイグイこないでよ。「お互いのプライドがルールだから」ってことで（笑）。「やり方が汚いんです！」ってサイモン猪木か誰かに言わせてさ。

――ABEMAとU－NEXTの5vs5ってわかんない。「Uは俺が潰す！　ドームを押さえろ！」って？（笑）。

青木　おっ、いいじゃん。結局、俺はU－NEXTのおいしいところなんか1個も吸えてないよ。U－NEXTとはまったく仕事をしていないからね。

――そりゃ、だって青木真也はABEMAの出役でしょうよ。もう「ABEMAの青木」じゃないですか。

青木　ねっ！

――「ねっ！」じゃなくて（笑）。

青木　だからU－NEXTの方々に言いたいのは、青木へのオファーは北野雄司さんを窓口にしてほしいですね。「U－NEXTに出たいです。オファーは北野まで」っていう（笑）。そんな感じでどんどん揉めてほしいんですよね。まあ、そんなことよりも（笑）、だからいまの俺はちょっと踊り場状態なんですよね。

――調整中ですね。

青木　でも、あと1、2試合くらいパパッとやって、まさに藤田和之さんの「あとはエンジョイですよ」っていうのが凄くよくて。エンジョイしつつ、気が向いたらまた試合をやればいいんじゃないかって思っていますね。

――じゃあ、それでいきましょう。

青木　あっ、そうだ！　俺が今日したかったのはアーセンの話だよ！

――山本アーセンさんがどうかしましたか？

青木　「どうかしましたか？」じゃないでしょう。なんでアーセンは俺との対談を拒否するんだって。

――それはちょっとここで話しましょう（笑）。読者のみなさんに説明すると、青木さんから水面下で「アーセンと対談をやりたい」という再三のラブコールがあって、もちろんそれは好意的なオファーですよね？

青木　当然だよ（笑）。

――「アーセンに会いたい！　アーセンと話したい！」っていう。

青木　だって俺は、アーセンの公開練習にも呼ばれるんじゃないかと思って、日にちをリストアップして待ってたんだから。「よし、行くぞ！」つって。

――いや、私もちゃんとアーセン側にオファーしているんですよ。それで一発目に連絡したときはアーセンのマネージャーさんから「いまは欠場中なのでどこの取材も受けていないんです。復帰したらお願いします」と。

青木　マネージャーって誰？

――長州力と同じ谷口さんです（笑）。谷口さんがおもしろいのは「というわけで、くれぐれも青木選手にはよろしくお伝えくださいませ……」みたいな。ちょっとビビってんなっていうか、青木真也に癇癪を起こされたくないんだろうなっていうのが伝わるわけ（笑）。

青木　俺は癇癪持ちじゃねえよ（笑）。

――それでこないだ復帰してアーセンが勝ったでしょ。あの日の青木さんは東スポ前田時間でしたよね。勝ったらすぐに「アーセンと対談だ！」って私にＬＩＮＥをしてきて（笑）。

青木　だってそうでしょう。「復帰したらお願いします」ってことだったんだから。

――それで「あっ、聞いてみますね」となって、会場で谷口さんに聞いてみたら「取材はしてもらいたいですけど、せっかくひさしぶりに復帰して勝つことができたんだから、まずはピンでお願いしますよ」って言われて（笑）。

青木　話が違うじゃん。

――それでやっぱり最後に「というわけで、くれぐれも青木選手にはよろしくお伝えくださいませ……」って言ってて、やっぱビビってんなと（笑）。

青木　いやいや、だってアーセンは俺が作ったんだよ？

――まあ、マジでそうとも言えますけどね（笑）。

青木　俺が作ったヤツが勝ったんだから、もうあの日は感無量になっちゃって（笑）。

「RIZINに出るかって言ったらたぶんやらないね。だってもうべつにカネほしくないもん」

──「俺、いい仕事したな……」と（笑）。

青木　「俺ってこんなに腕があるんだ」と。

──「とんでもない怪物を作ってしまった」と（笑）。

青木　そうそう。もうウルッとしちゃってさ（笑）。「アーセンもよかった。俺もよかった」みたいな。

──アハハハハ！　頭おかしいな（笑）。

青木　そうしたらダメだって言われたからさ、「この野郎!!」って思って。やっぱアーセンはいいでしょ？

──アーセンはいいです。あんな気持ちのいい男はいないです。

青木　そうでしょ？　だったら対談しようよ。実現に向けてもっと本気になってよ。

──青木さん。10秒でいいので胸に手を当てて考えてみてください。「なんかほかの理由で断られてるんじゃないか？」って心当たりがあったりしませんか？

青木　まったく思いつかないよ。アーセンは俺が育てた。アイツはつれないなあ。アイツ、なんなんだよ。えっ、なんでなんだよ？

──「なんでなんだよ？」（笑）。

青木　相当マッドだな、アイツは……。

──マッドはおまえだよ！（笑）。

青木　なんかほかに「これは！」っていうヤツはいないッスか？

──いやいや、青木さんの話をしましょうよ。で、今後どうするんですか？

青木　これね、自分でもエグいなと思ったのは、ＲＩＺＩＮに出るかって言ったらたぶんやらないね。

──ＲＩＺＩＮという選択肢はない？

青木　ない。だってもうべつにカネほしくないもん。本当にこれはマジ話で、1戦で4000、5000万くれるとかなら「まあ、やるかな」って思うかもしれないけど。

──そうはならないでしょう、っていう。

青木　それが1本2本みたいな話になったら、ないね。いまの感じだと。

──それは最後にそこでキャリアを潰したくない？

青木　だったら最後まで意地を張って、ほかで1本くらいの試合をしていたほうがよくない？　って思っちゃうんですよね。

──たしかに。あー、それはちょっと青木真也らしくていい判断かもですね。

青木　そうでしょ？　そりゃドカンとくれるんだったらやるけど。じゃあ、そこで2000、3000万出ますって言われたとしても、たぶんそれってハードマッチアップなんだよ。そんなの俺がいま（トフィック・）ムサエフとかあんなのとやってぶん殴られて、下がってさ、みんながつらい思いをするだけじゃん（笑）。

――それを見せたいがための数千万っていうか。

青木　そう。それでちゃんとジョバーとしての仕事をしてくれよっていうさ。だから俺はプロレスと格闘技をずっと観てきて思うことは、40過ぎてからカネがもらえる試合って基本的にジョバーなんですよ。プロレスだったらいいジョバーになるけどさ、格闘技の場合はそれでRIZINのバラさんに気持ちよくされるのも嫌だなって俺は思っちゃうんですよね。その「嫌だな」っていうのがわりと俺のリアルな気持ち。すでにRIZINにもいるじゃん、40過ぎてギャラが安くて下っ端とやってて、いい扱いされてんなって選手が。いい扱いっていうのはバカにした意味でね。そんなの絶対に上位戦線とやらせてもらえるわけないじゃんっていう。それを俺はわかっているから、30後半のときにONEから「チャンピオンシップどうですか？」って言われて、「いやいや、俺がベルトを獲ったら困るからやらないよ」って。

――「それは嫌でしょ？」って。

青木　40過ぎていくと本当にそんな感じなんですよ。思いっきり本当のことを言ってるでしょ？（笑）。だって40過ぎてRIZINに出て、ほかよりもカネはいいかもしれないけどジョバーだよ。それですっげえ強えヤツとかにぶっ飛ばされるとか、RIZINが上げていきたい若手にぶっ飛ばされたりとかさ。つらいじゃん。

「鈴木みのるさんなんかは絶対に凄くまともでしっかりしている。でもカシンさんや藤田さんは全然違うじゃないですか（笑）」

――今日はリアルなところが聞けるなあ。

青木　それはキツイよ。

――青木さん、エンジョイですよ（笑）。

青木　そう！　エンジョイなんだよ。

――「エンジョイですよ」って凄い言葉ですね（笑）。

青木　凄い言葉なんだよ。藤田和之さんの最近の楽しみは、試合が終わってから酒を飲むことらしいですからね。

――そこに立ち返ったんですね。

青木　そう。でもカシンさんも藤田さんも元気。

――ふたりとも、あれだけ無茶をやってきたキャリアなのに、まだ元気というのもおかしな話ですけどね（笑）。

青木　やっぱりあのふたりだけは本当に掴めないね。なんな

んですかね？

——誰よりも仲間思いなところもあるし。

青木　この前、船木誠勝さんと試合をするときにずっとカシン愛を語っていたら、記者会見が始まるちょうど5分前くらいに「今日は何かすることありますか？」ってＬＩＮＥが来たんですよ。

——カシンから？（笑）。

青木　そう。「えっ？」と思って「先輩、もしかして会場にいらっしゃるんですか？」って返したら、「もちろん、会場にはいますよ」って返ってきて。

——スタンバってんだ！（笑）。

青木　それでさ、ノアのリングにファンの客が上がったじゃん。

——あっ、リングに上がっちゃって「強いノアを見せてくれ」って清宮選手に叫んだやつ。

青木　それでカシンから「今日の会見で『本当に強いノアを見せてくれ！』って言ってください」ってきたから「いや、言えるわけないでしょ」って返したら、「えーっ、言ってよ」みたいな（笑）。

——本当にヤバイな……。

青木　それで試合当日も「今日も何か必要なことがあれば言ってください」ってＬＩＮＥが来たから、「えっ、会場にいらっしゃるんですか？　もし、あれなら試合前に助けてもらえると助かります」って返したら、「あっ、そっちのほうは行きません。さすがに今日は自腹は切れません」って返ってきて。

——アハハハハ！　マジでよくわかんないな！（笑）。

青木　あの人、謎だよね（笑）。だから本当に変わってるんだよね。

——だから何か計算があってとか、ブランディングとかじゃないと思うんですよね。ただ本当に変わっている人っていう（笑）。

青木　あの世代であんな人っている？

——いや、時代とか世代とかじゃなくて、あれはもう個です（笑）。

青木　鈴木みのるさんなんかは絶対に人としては凄くまともじゃん。めちゃくちゃしっかりしている人じゃないですか。

——仕事人だし。

青木　そうじゃないですか。でもカシンさんや藤田さんは全然違うじゃないですか（笑）。

——怖いですよ。だって会いたくないもん。

青木　えっ、会いたくない？（笑）。

——そりゃ会いたくないでしょう。だって、ここで話題にしているだけでも怖いもん（笑）。

青木　怖いよね！（笑）。

――怖いですよ。「〇〇〇って言え」とか超変態プレイでしょう。遠隔で大人のおもちゃを使ってるようなようなもんじゃないですか。あっ、その船木vs青木戦はよかったですよ。

青木　あっ、本当に？　なんか船木さんも気持ちよくなっていましたよね。

「気がつけば、すっかり俺も〝境界性アングル障害〟なんですよ。それは最近、自分でも困っているんです」

――ひとつ思うのは、プロレスに心酔しかけている青木真也っていうのも最近感じているんですけど。

青木　いや、それね、俺自身もようやくわかったことがあるんですよ。結局、俺はリング上で闘って何かを表現することが好きなんですよ。

――はいはい。それがどんなリングであっても。

青木　そう。それが格闘技であってもプロレスであっても、じつはあまり変わらないんですよ。でも格闘技ってガッツリやるのは40くらいまでしかできないじゃないですか？　だから33、34のときにプロレスを手に入れたんだと思いますよ。もっともらしいことを言うと。だってプロレスはおもしろいですもん。俺はちゃんと橋本千紘vsＳａｒｅｅｅとかも観に行っていますから。

――「どうなるんだ、これ」って。

青木　あの５００人とか６００人くらいの会場まで観に行くんですよ。で、よかったです。いい試合でしたね。

――青木さんから見て、Ｓａｒｅｅｅ選手はどうですか？

青木　すっごい斬り方をしていいですか？　鈴川（真一）さんですね。その意味でドキドキする。「闘魂」とか「ストロングスタイル」とか言ってるじゃないですか？　ある種で闘魂を背負っていて鈴川的なんですよ。「何かトンパチなことをするんじゃないか？」っていうおもしろさがあるからサイモンさんはＳａｒｅｅｅが好きなんだと思いますよ。

――なるほど。

青木　そういう意味で逆におもしろさはあまりないですね。そこの「何かするんじゃないか？」っていうところはあっても飽きられちゃうんですよ。だって、ガチンコをしなくなった鈴川はおもしろくなかったじゃないですか。そんな感じで最近はちゃんとプロレスをいろいろと観てますよ。

――いや、それで言うと、秋山戦でのフィニッシュシーンに一部のプロレスラーたちはちょっと色めき立っていましたよ。

青木　あー。あれはみんな言ってましたね。

――「秋山のパンチを食らいながら、途中から青木は表情を作ってましたよね？」っていう。でも、そんなことってありえるんですか？　マジなパンチを被弾している最中に顔の表情を作るなんてこと。それは作ってるのか、自然と出ちゃうものなのか。

青木　いやもう、勝手に出ちゃうのと、あのときで言うと俺はフィニッシュされたじゃないですか。あのあとバーンと立っていた秋山を見て「ああ、やったな……」って思った（笑）。

――達成感があったってこと？

青木　そう。これはマジな話。だからこれを言うと、「格闘技選手としてどうなんだ？」って言われるんだけど、俺には達成感があった。勝ち負けはあるけど、「作ったじゃん、俺」みたいなものとか「胸を張って帰るぞ」みたいなものがあった。

――たしかに試合が決まる前からずっと作りましたよね。

青木　っていうのはありますよね。

――だから、こうなってくると青木さんはもともとちょっと特殊なタイプなんだけど、いわゆるほかの格闘家としゃべっている感じと違うのは「結局、俺は那須川天心や武尊にはなれねえんだよ」っていうのも、どこまで本音なんだ？っていうか。

青木　だから気がつけば、すっかり俺も〝境界性アングル障害〟なんですよ。

――ってことですよね。だからこっちも青木真也の言動に対しては「これはどっちなんだ？」っていう目で見るようになっちゃってる。

青木　わかる。

――だからいまも話を聞いていると、「天心や武尊にはなれねえ」とか言っている最中にも東スポ前田と連絡を取り合っているし（笑）。

青木　「これ、どっちなんだ？」って思っちゃうでしょ？（笑）。でも本当にそれはそう。自分でも「どっちなの？」って思ってる。それは最近、自分でも困っているんですよ。

「武尊とスパーしたときも途中で『これはプロレスだな』と思った。天心も武尊もできるんだよ。でも矢地にはできねえな」

――それって日常生活に支障はない？

青木　あると思う。

――何か起きているはず？

青木　何か起きているし、ちょっとエモくなりたいときがあるんですよ（笑）。

――あー。

青木　わかる？（笑）。

――だからこないだ飯伏幸太が言っていたのは、家にひとりでいるのにベッドから起き上がるときにちょっと肩が痛いってことを動きで強調しちゃうっていう。ギャラリーがいないのに。

青木　わかる、わかる！

――わかるんだ。

青木　俺は「腰、痛ってえな……」って、腰が痛くもないのに言っちゃうんですよ。

――もはや最初から痛くもない（笑）。

青木　そう。なんなの、あれ？（笑）。そうそう、あるんですよ。

――それってハッピーなんですか？

青木　ダメでしょ。どんどん壊れていくでしょ。

――だから今日話していることだって、じつはわからないじゃないですか。今日の会話には含みとかは何もないはず？

青木　ない……はず。

――でも、わかんないですよね（笑）。

青木　はい。「これ、俺、どうなんだ？」みたいな。あと最近はストーリーが何個も同時に走っちゃってるから「うーん、どうしよう……」って思っちゃうんですよね。「あっ、これはダメか。理屈が合わねえな……」みたいな。みんなはどうしてるんですかね？

――プロレスラーはキャリアを重ねるごとに、どんどんそんな感じになるみたいですからね。

青木　だからおもしろい人が多いんでしょうね。

――いやー、今日はなんの話をしているんだ。でも楽しいな（笑）。来年1月でＯＮＥとの契約が切れたとして、２０２４年もまた新しい生き方を見せてくださいよ。

青木　がんばりますよ。

――そういう意味で青木真也もまだまだ楽しみですね。「何をやってくれるんだろ？」っていう。ちゃんと何かをやってくださいよ。ちゃんと男たちにひとつの生き方を提示してくださいよ。

青木　そういえば、こないだアメリカで合宿中の武尊に会いに行って、ガチンコで武尊とスパーリングをやってさ。

――あー、やってましたね。

青木　あれは最高だったね。あんなに俺、ぶっ倒されると思わなかったよ。ビックリしたよ。「ウソーっ、そんなにマジで!?」みたいな（笑）。あのときも途中で「これはプロレスだな」と思って、いくら寝ても俺は立たなきゃいけないんだと思ってさ。そうしたら向こうもちゃんと来てくれるんだよね。だから武尊もめっちゃできるなと思ってさ。

――それが武尊の武尊たる所以っていう。「やっぱりキミもできるんだな！」って（笑）。

青木　「あっ、ちゃんとできるんだな」って思ったんだよね。

ATHLETIC

あれ、できるんだよ（笑）。

——こういう場面ではこういうことをやる、こういう顔をする、こういうことを話すっていうプロデュースが自然とできるっていう。そういう意味では天心もできますよね。

青木　そうそう。天心も武尊もできるんだよね。でも矢地（祐介）にはできねえな。

——まあ、できない貴重さもありますけどね。

青木　矢地はいいよ、本当に。矢地がいちばんいいでしょ。

——じゃあ、青木さんに聞きたいんですけど、『KAMINOGE』がまだ触っていない人の中だと、いまは誰がおもしろいですか？　「なんでコイツを見逃してんだよ」っていう人がいたら教えてください。

青木　誰だろうねえ……？　細川バレンタインかな。

——元プロボクサーの細川バレンタインさん。

青木　あれは1回会ったら、ちょっとやべえと思った（笑）。YouTubeで青木、皇治、細川バレンタインの3人で鼎談をやったんだけど、ずっとアイツが終始ペースを握ってたの。あれは凄いよ。本物。急にジャニーズの話をし始めてさ、こっちはそんなの極力触れたくないじゃん。だから「えっ？」って言ったら、「だって俺も子どもの頃に友達と言ってたからね。『ユー、こっちに来て、ボクのをしゃぶっちゃいなよ』ってモノマネしてたんだよ。だからみんな知らなかったわけがない」って、そんなことを平気で言っちゃうんだもん（笑）。もうあれは凄いね。ちゃんと自分の理屈もあるし、アイツはおもしろいっス。だから最近だと細川バレンタインくらいだな。あとは誰だろうな……。

——青木さん、いまだに『KAMINOGE』のことを誤解してない？　大丈夫？（笑）。

青木　えっ、なんで？

——私は意外とちょうどいい感じの人が好きですよ（笑）。

青木　だったら、やっぱり俺とアーセンの対談でしょう。いや、たまにはマジでがんばってよ。来月、絶対に実現させてよ！

青木真也（あおき・しんや）
1983年5月9日生まれ、静岡県静岡市出身。
総合格闘家。
幼少期より柔道で鍛え、早稲田大学3年時に格闘家としてプロデビュー。DEEP、修斗と渡り歩き、2006年2月に修斗世界ミドル級王座を戴冠。大学卒業後は警察官となり警察学校に入るも2カ月で退職して、プロ格闘家一本に。その後はPRIDE、DREAMではライト級王者になるなどして活躍。2012年7月より契約を交わしたONEを主戦場にしており、現在も日本人トップの実力を誇っている。

兵庫慎司のプロレスとまったく関係なくはない話

第97回 自分の範囲がわからない

兵庫慎司

(ひょうご・しんじ)1968年生まれ、広島出身・東京在住、音楽などのライター。そのやついいちろうプレゼンツの『やついフェス』、昨年からチャンス大城がエレキコミックのふたりに地下芸人を紹介する「地下芸人トーク」というコーナーがあるのですが、去年そこに登場してオーディエンスを震撼させ、その直後に『水曜日のダウンタウン』に出演して話題になったが、「吃音者を笑い者にしている」という、本人からしたらいい迷惑の抗議が押し寄せたインタレスティングたけし、今年も「凱旋!」みたいな感じで、同コーナーに登場しました。大ウケしてました。いいフェスだなあ、と思うのって、こういうところだったりします、私の場合。こういう細部ってけっこう大事。

新型コロナウィルスが5類に移行になり、感染予防のためのさまざまな規制がほぼなくなった現在になっても、規制中に早くなった閉店時間が、元に戻っていない飲食店は多い。僕の場合、ライブに行った帰りにちょっと寄ることが多いので、これ、けっこう困っている。店の公式サイトを見て「23時ラストオーダーか、まだ22時半だから大丈夫だな」と思って行ってみると、「もう閉店です」と言われたりするのだ。あたりまえに。ならサイトでもその時間を謳ってくれよ、と思うが、大きな企業の経営店でもそうなんだから、きっとみなさん、そのへんをふんわりさせておくことの便利さに気がついてしまった、だからあえて直していない、ということなのだと思う。

企業系の店でもそうなんだから、インスタはあっても公式サイトはない、みたいな個人経営の店、つまり僕がよく行くような店は、なおさらである。混んでいれば遅くまで開けているけど、ヒマなら閉めちゃう、みたいなことが、普通になっている。

なので、なじみの店であっても、遅めの時間に寄る場合は、入口で「まだ大丈夫?」と訊くことにしている。しかし。そう訊くとですね、必ず「どうぞどうぞ!」と言う奴がいるのです。店主ではない。常連でお互い知っている、客の男である。

「あ、兵庫さん。どうぞどうぞ!」

いや、あなたに訊いてないから。あなたに答える権利ないから。なぜなら、あなたの店じゃないから。という思いを、そのたびに、なるべくやわらかい言葉に置き換えて伝えていたのだが、何度言っても改まらないので、「どうぞどうぞ!」が飛んで来るたびに、間髪入れず「女将に訊いてるの!」とか「きみの店じゃないから!」と、返すようになった。それでも変わらないので、最近は「ダメ!」とか「失格!」とか、「生まれ直し!」とか「受精からやり直し!」とか言っている。嘘です。そこまでは言っていないが、でもそんなふうな、言わば「自分の範囲がわからない人」、いません?

こんな奴もいた。朝霧ジャムなんかのキャンプフェスに、友人知人数人で行こうとしていたら、「俺も行きたい」とか「友達にも声かけていい?」とかで、だんだん人数が増えて大所帯になりました、みたいな経験が何度かあるのだが、そういう時のこと。

参加者のひとり、ホリエさん（仮名）の友人であるシングルマザーのお母さんが、娘ふたりを連れて参加したがっている、と言われ、我々は面識ないけど、ならばどうぞ、ということになったのだが。

こういう時って、チケット代以外にも、レンタカー代とか高速代とかガソリン代とか、食料飲料や炭などの購入費とか、いろいろおカネがかかるので、誰かが立て替えておいて、あとでその総額を人数で割って支払う、というふうにするもんですが。参加者のひとりであるイノウエ（仮名）が、そのお母さんに、「お子さんたちのおカネはいらないよ」と言ってしまった、というのだ。

はあ？何それ？おかしくない？現にホリエさんも困っている。「イノウエくんが勝手に言っちゃったんだよお、いいカッコしたかったみたいで。これ、おかしいよね。私の友達だから、みんなに申し訳ない」と。

結局、ホリエさんがイノウエに抗議して、お母さんには謝って、取り消しにしたのだが、その時も、けっこうもめた。イノウエ、「それならその子たちの分を俺が払えばいいだろ！」と、キレ始めて。

いやいや、そういう話じゃなくて。我々が払うカネが増えるからイヤなんじゃなくて、きみが勝手にそう決めたことに問題があるんだってば。そもそもきみ、幹事でもないでしょ。いや、もし幹事でも、勝手に決めるのはおかしいでしょ。

というようなことに出くわすたびに、心の底からぐったりするのだが、これ、典型的な「仕事だったらまだよかったのに」というケースだと思う。上司と部下とか、うちの会社と取引先とかの関係性において、こういう事態が起きたら、もっときっぱりと叱れるじゃないですか。「この間のあの先方のミス、その後どうするか返事きた？」「あ、はい、今度のこの資材の料金をここまで下げる、という落としどころでどうでしょう、と提案してきたので、それを飲みました」「はあ？なんでおまえが勝手に決めんだよ」「え、ダメでした？」「いや、いいけど、決めるのは俺だろ！」。

というこれは、実は、自分です。一度でなく、やらかしたことがある。「これはおまえの仕事だからな」と任されると、自分が最後まで決めていいと錯覚してしまう、という、会社員としては致命的な脳の欠陥があって、直すのに苦労したのだった。という経験があるもんで、人のそういうふるまいが、よけいに気になるのかもしれない。

フラワーカンパニーズというバンドがいる。30年の付き合いになる、自分としてはもう身内、みたいなつもりでいるバンドである。6月17・18日に渋谷のライブハウス複数会場で行われた、やついいちろうプレゼンツのフェス『やついフェス』に、そのフラカンが出演した。12回目の開催で初めて。このフェス、僕は毎年オフィシャルのライブレポを書きに行っていて、「フラカン出ないなあ」といつも思っていたので、出演を知った時はうれしかった。しかも2日目のトリのひとつ前、いちばん大きいO-EASTで、という待遇のよさ。

で。終わった翌朝、やついくんから「2日間楽しめましたか?」とLINEが来て、「すばらしかったです！あと、フラカン出してくれてありがとうございました」と返信してから、気がついた。

俺の範囲じゃねえよ、そのお礼は。

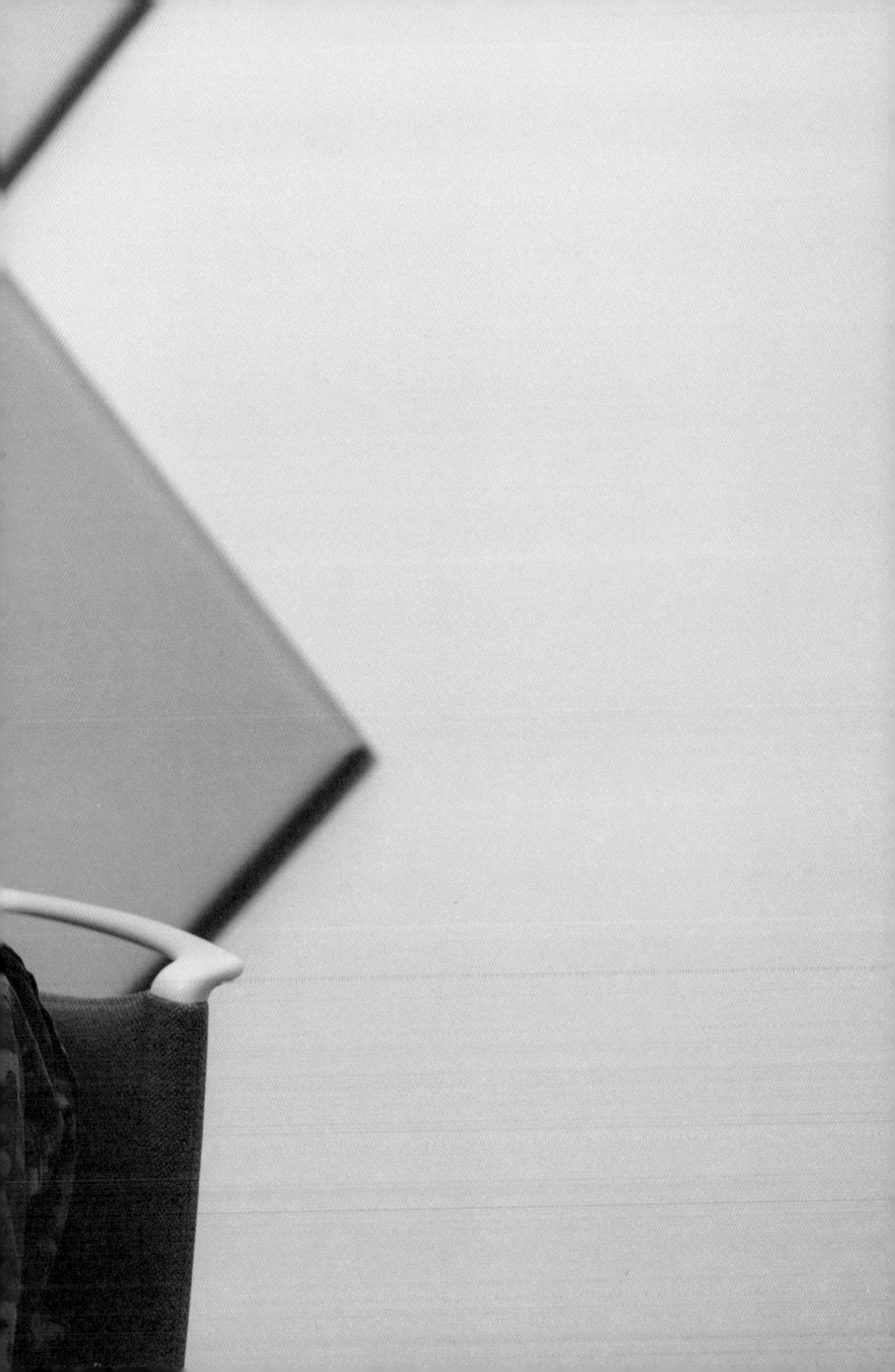

自分の居場所は見つけろ、テメェで！
過去に経験した
“底の底”人生からの脱出劇。
すべてはお笑いに救われた!! 最高!!

収録日：2023年6月12日
撮影：タイコウクニヨシ
聞き手：大井洋一
構成：井上崇宏

おもしろい人はなぜおもしろいのかを
調査する好評連載・第30回

とにかくシビれたガール

やす子

「自分はシビれる感覚が好きなんですよ。はい～。
安定もしていたいけどシビれるような刺激がほしい。
大人になってこんなことを言うのは恥ずかしいけど、
大人になったからこそ言えるかなと。はい～」

2021年のある日。

浅草・東洋館でおこなわれた、とあるお笑い大会の審査員として呼ばれていたのですが、本番前にその舞台袖で、真っ白なタキシードを着た中年から「大井くん？　大井くんだよね？　俺、野田。憶えてる？」と声をかけられました。

僕がこの業界に入るきっかけとなったのは、もう26年ぐらい前、渋谷にある吉本の劇場「渋谷公園通り劇場」で、芸人募集をしていた貼り紙を見つけて応募しました。

僕はラジオっ子だったので、芸人の横にいて一緒にネタを作ったりする構成作家になりたかったんですけど、問い合わせたら「芸人は募集してるけど作家は募集していない」と言われたので、そうは言っても入ってしまえばどうにかなるだろうと大学の友達を誘ってオーディションを受けに行ったんです。

どんな漫才をやったか、コントをやったかも憶えてないけど、オーディションは受かって、その日受けた中から3組か4組が合格していました。

そこで一緒に受かった面々とは「同期」という感じがして、仲間というかライバルというか、なんだか不思議な感覚で劇場で会うたびに話をしていた気がします。

しかし、そこから数カ月で劇場は閉鎖され、当時のメンバーともそこから連絡を取らなくなってしまいました。

それから24年。

「俺、野田だよ！」と声をかけてきた白タキシードの男は「野田ちゃん」というピン芸人になって芸人活動を続けていました。

めちゃくちゃひさしぶりに会った同期。

あのとき、一緒に合格して、渋谷の地下の劇場でウケたりスベったりの時間を共有した仲間が、24年の時を経てお笑いに携わる者として、また出会えたことに感動しました。

そんな野田ちゃんが、今回のやす子さんのインタビューでボロクソに言われているので、ぜひお楽しみください。

（大井）

「芸人になってから人生が楽しくなりました。とにかくずっと怒られ人生だったような気がして」

やす子　今日はよろしくお願いいたします！　最初に申し上げますが、自分はちょっと人見知りで、でも徐々に慣れていくので……。そこだけは申し訳ございません。
――最初だけ人見知りなんですね。全然大丈夫です。
やす子　はい～。最初は人見知りなんですぅ。
――まだ1秒たりとも目が合っていないですもんね（笑）。
やす子　（天井を見上げながら）いやー、すみませーん！

――すっかり人気者のやす子さんですが、いま芸歴何年目ですか？

やす子　4年目ですねぇ、はい〜。ありがたいことに凄く楽しいです。芸人になってから人生が楽しくなりました。人から気持ち悪がられないですし、ちゃんと話しかけてくれるのがうれしいですし、みなさんやさしいですね。はい〜。

――芸人になる前はそうではなかったと。

やす子　だんだんと大人になるにつれて、「あれ？　もしかして自分は社会に適応していないタイプなのかも……」と思っているなかで、自衛隊を辞めて、もう人とは関わりたくなくてトイレの清掃員をやっていたんですけど、それから友達に誘われて芸人の世界に入ったら、みなさん凄く話しかけてくださったりとか、コミュニケーションを取ろうとしてくださったり、自分のダメなところもおもしろくしてくださるので、素敵な世界だなって思いますね。はい〜。

――日常生活において、そういうところを楽しんでもらえたりとか、評価されたりっていうのはなかなかないものですか？

やす子　自分はわりとヨイショとかが苦手で、たとえば腕時計を自慢されても「へえ……」みたいな感じなんですけど、私はそれが顔に出ちゃうんですよ。それで「いいと思ってないだろ」って言われて「はい〜」みたいな。でも芸人だったら「ネタ、おもしろかったか？」って聞かれて、「おもしろかったです」って言ったときに「思ってないだろ」「はい〜」って答えても成立しているので。

――ちゃんと笑いになると。

やす子　そうなんです。だから素直に生きていても大丈夫な世界なんだなって思いました。よくはないですけど（笑）。

――いやいや、いいんだと思いますよ（笑）。

やす子　もう、これまでの人生が本当にうまくいかなくて、めちゃくちゃ怒られてきたので……。それがありがたいです。はい〜。

――たとえば、どんなことで怒られていましたか？

やす子　えー……。とにかく、ずっと怒られ人生だったような気がして。たとえば自衛隊のときだとなんだろうな……靴をピカピカに磨かなきゃいけないのに磨けていないとか、朝に点呼で並んだら別の部隊に並んでしまって、「おーい！」って怒られたりとか、目を合わせるのが苦手で「目を合わせろ！」って先輩に怒られているときに同期がその先輩のうしろを通って行くんですよ。そのときに自分はその同期を目で追ってしまうから、怒られるのがずっと終わらなかったりとか、そういう感じでしたね。なかなかうまくいかなくて。まあでも、自分が悪いのもあります。小学校のときにどうしてもハムスターを学校に持って行きたくて、ハムスターを引き

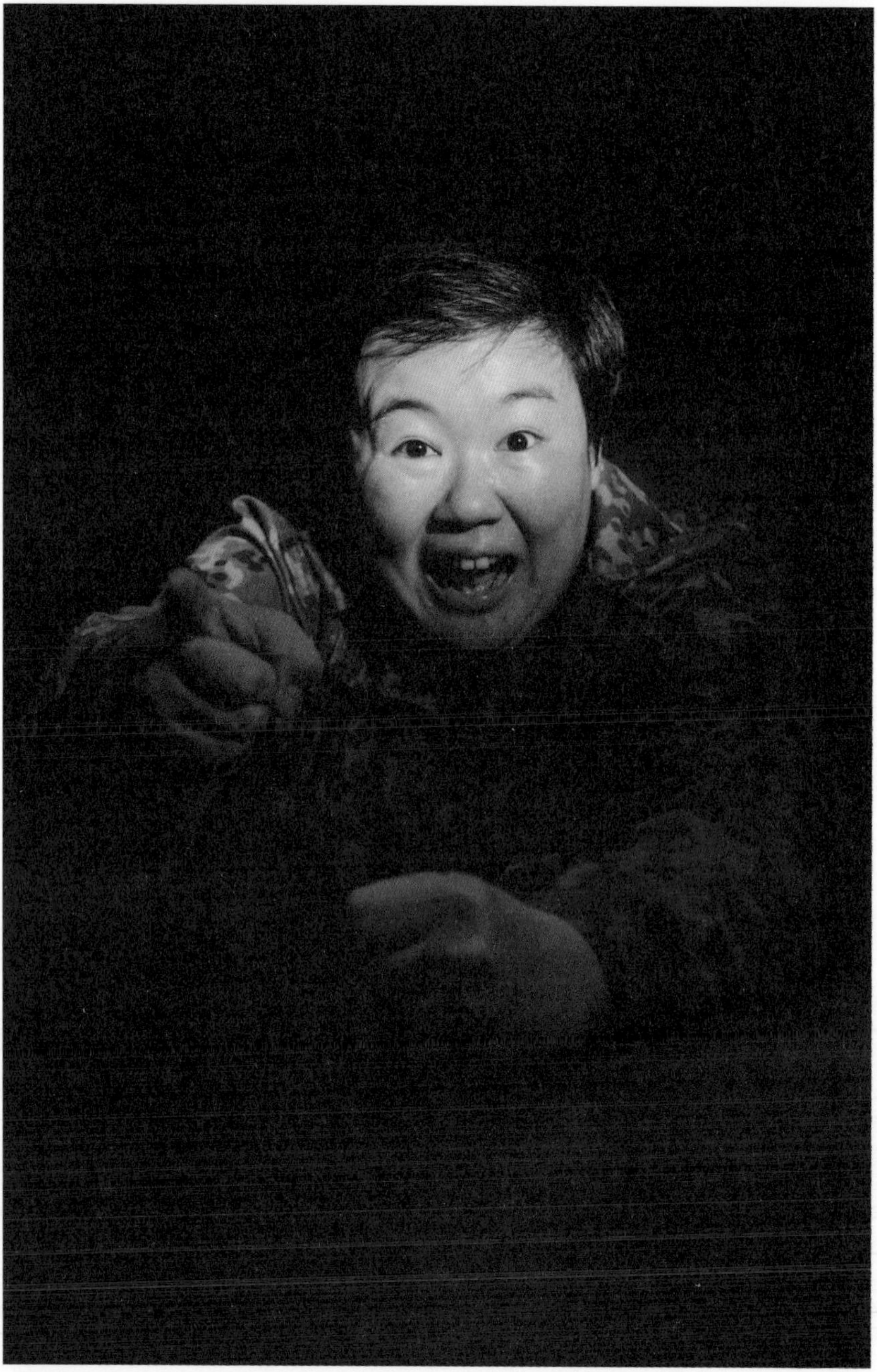

出しの中に入れていたら、そのハムスターが逃げ回っちゃって、先生に「誰が持ってきたんだ！」って怒られたりとか、机の上に泥だんごをいっぱい置いちゃったりとか。でも自分ではなんで怒られてるのかわからなくて。なんかどうやって生きていったらいいのか自分でもよくわからなかったです。「難しい〜、なんでダメなの？」って思いました。

――ハムスターを学校に持って行きたいって思ったとき、「持って行っちゃダメだよな」とは思ってなかったんですか？

やす子　そうなんですよ。あとは授業中に家に帰ったら、放課後に先生が家に来て怒られたり。そのときも「なんで怒られるんだろ？」っていうのがわからなかったです。はい〜（と、ずっと落ち着かない感じでお茶の入った紙コップをいじっている）。

――あの……やす子さん。

やす子　はい〜。

――その手に持っている紙コップがあっという間に丸から三角に形が変化してますが。

やす子　き、気にしないでください〜！（笑）。

――お話し中、ずっと育ててましたよね（笑）。

やす子　すみませ〜ん、もう！（笑）。テレビのときはちゃんとしなきゃいけないなと思って、ちゃんとできるんですけど。はい〜。

「ずっと虚無に向かってしゃべってた。そもそもライブもなんのためにやってるのかわからなかったんです」

――いえいえ、どんどん育ててください。テレビに出だしたのも早かったですよね。

やす子　ありがたいです。運がよかったです〜。それこそ最初は大井さんもやられている『水曜日のダウンタウン』が最初のテレビ出演で。

――いきなり『水曜日のダウンタウン』でしたっけ？

やす子　はい〜。ＳＭＡに入ってから4、5カ月目くらいのときに『コウメ太夫さんのダメ出しが真っ当でも後輩に聞き入れてもらえない説』で。先輩の言うことを聞かなかったおかげでテレビに出られてよかったです（笑）。

――あれに出て、そこから先にすぐ何かあったわけでもないですよね？

やす子　そうですね。それからちょくちょくＭＸテレビさんのネタ番組には出つつ、ガッツリ出たのがそれから半年後の『おもしろ荘』がきっかけで。はい〜。

――それまではひとりでネタを作り続けていたんですか？

やす子　そうです。作家さんとか事務所の人から「やす子はお笑いを見ないで」って言われて。

――「自分の感性だけで行ったほうがいいよ」と（笑）。

やす子　そう言われたことは全部飲み込みつつ、もともとはコントをやっていたんですけど、「元自衛隊だったら、自衛隊ネタをやったら？」って言われて、次の日から迷彩のネタをやり始めた感じですね。はい～。

――この迷彩服を買いに行ったんですか？

やす子　当時使っていたのは、自衛隊の先輩からもらっていたものを使ってました。ただ、自衛隊が特におもしろいとは思っていなかったので、どこを切り取ったらいいのかなっていうことを模索しながらやっていました。

――最初にお客さんの前で自衛隊ネタを披露したとき、ウケたんですか？

やす子　当時、いつも出ていたライブはお客さんがひとりとかふたりしかいないから、ウケてるかどうかは正直わからなかったんですよね（笑）。ＢｅａｃｈＶ（びーちぶ）というソニーの小屋は笑い声を吸収しますし、ライトもまぶしいですし、もう虚無の空間ですよ。真っ暗闇に向かって自分の伝えたいことを大きい声でやるっていうのをやっていて。

――ライトが眩しくて客席が見えない、しかも笑い声も吸収されていく（笑）。

やす子　吸収されるんです。自分の声も響かないですし、ずっと虚無に向かってしゃべってるっていう感覚でした。まず、ネタ見せとかライブもなんのためにやってるのかわからなかったんですよ。いまだったらネタをブラッシュアップするためにやるっていうのがわかるんですけど、当時はわからずにやっていましたね。本当にあのときの感覚は不思議でした。

――お笑いをやる最初のきっかけはお友達に誘われたということですけど、一緒にネタ見せに行ったんですか？

やす子　いえ、ネタ見せがなくてですね、履歴書があれば誰でも入れちゃった感じで。だから舞台も踏まずに履歴書を持って行ったら、その日にＳＭＡ所属になっちゃったんです。面接のみですね。はい～。

――その面接のときにすでに友達はいなかった？

やす子　ええっとですね、面接にはいたんですけど、最初の事務所ライブに来なかったんですよ。

――「さあ、いざ！」っていうときに。

やす子　人生初舞台だったんですけど来なくて。はい～。

――その初舞台前はふたりで練習をしていたんですか？

やす子　してました。漫才をやってたんですよ。でも当日来なかったんで。

――その日の出番はどうしたんですか？

やす子　そもそもお笑いがまったくわからないときですから、

舞台前にナオ・デストラーデさんが楽屋でワックスを使って髪の毛を上げているのを見て「あっ、舞台では髪の毛を上げたほうがいいのかな?」と思って、ワックスをお借りして自分も髪の毛を上げたんですよ。

――舞台に出る人はみんな髪の毛を上げるものだと思った?(笑)。

やす子　そうなんですよ(笑)。それで初舞台から髪の毛を上げてて、「ちょっと相方が来ないんですよね……」って言ったら「えっ!?　大変じゃん」って言われながら、漫才の形をピンにして舞台に出たっていう感じですね。

「もう芸人を辞めようと思っていたんですけど、ハリウッドザコシショウさんの単独ライブを観に行って火がついたんです」

――そもそも、どうして相方の人はライブに来なかったんですか?

やす子　ちょっとなよっとしているコだったので、「私、できない~」って言われて。

――「できない~」って言われて(笑)。そのときのネタはやす子さんが作られてたんですか?

やす子　はい~。でもしょっぱなでライトがパッとついたときにその時点で笑い声が出たんですよ。「ん?　なんか笑われてるな……」と思って。それ以降はまったく笑われなかったんですけど。そのときもお客さんはひとりかふたりで、芸人は15人くらいいたんですけど、たしか自分は2位だったんですよ(笑)。

――超新星ですね(笑)。それから次のステージに上がって行くんですか?

やす子　はい~。上がって行くっていう感じですけど、自分はその日に「絶対辞めよう」と思ったんですよ。そうしたら「来月も来てね」って言われたので「えっ?」と思って。自分は「辞めます」とか言えなくて、暑くても「クーラー、これで大丈夫ですか?」って聞かれたら「大丈夫です!」って言っちゃうタイプなので、そのときも「辞めたいです!」が言えなくて「わかりました!」って言ってしまって。だから正直「めっちゃ嫌だな……」って思いながら、ライブに通う日々が始まるっていう感じですね。

――じゃあ、最初はネタ作りとか舞台に立つのはつらかったんですね。

やす子　めっちゃつらかったです~。しかも人生のなかでピン芸人になるという選択もなかったので、『おもしろ荘』に出るまでの半年くらいは友達にも芸人をやってるとは言ってなくて、テレビに出てからバレてしまうっていう。それでも続けることができたのは、びーちぶに行くとかならずネタ合わせをしてる先輩たちがいて、超やさしいんですよ。「飲むか？」と言っていただいたり、バイトの相談を聞いてくださったりとか。ひとり身でしたので仲間がいるなと思って通って、趣味、サークルみたいな感じでしたね。

――そこに居場所があったと。

やす子　はい〜。みんなで卓球したりしてそれが凄く楽しかったんです。自衛隊ではそういう遊びとかがあまりなくて、ガヤガヤするとかもなかったので、ハタチのときにみんなで飲んでお笑いについて話すのがめっちゃ楽しかったですね。

――いわゆる青春がやってきたっていう感じ。でも、そこから「芸でご飯を食べていく」ということを考えると闘いになってくるじゃないですか。

やす子　闘いですね〜。

――そこで不安というか、「私、このままで大丈夫かな？」とはならなかったですか？

やす子　なりました。芸人になってからすぐに世の中がコロナになってしまって、事務所のライブもなくなったんですよ。それでZoomでみんなとお話をするんですけど、みんなライブに出ないでバイトをしていたので「私たちは本当に芸人なのか？」っていう論争をしたことがあって、「このままコロナが続いたら芸人は辞めようね」っていう話をしていたんですね。だけどMORIYAMAさんという芸人さんが「俺たちは芸人だからZoomでネタライブをやるぞ！」っていう話をされて。でも自分はそれ以前からやっぱり芸人を辞めようと思っていたんですけど、ハリウッドザコシショウさんの単独ライブを観に行って「カッコいい！　私もやるぞ！」って火がついたんですね。

――ザコシショウさんのライブを観て、どこに惹かれました？

やす子　裸一貫で大人数を笑わせてるっていう。2時間くらいだったんですけど、終始大爆笑っていう感じで「すごっ！」と思って。芸人になりたての頃は、正直言ってシショウの笑いがわからなかったんですよ。「どこを見て、みんなはおもしろいと思ってるんだろう？」と。本当に異様だったんですよ。「なんだこれは？」と思って。

――自分の知らない宗教を見ているような感じですね（笑）。

やす子　そうです、そうです〜！（笑）。ネタをやる前の儀式とかで座っているだけでもお客さんが笑っていて、それがカッコいいと思って。それが芸人を始めてから2カ月くらいだったんですけど、そこで観たのがよかったです。それが3カ月だったらたぶんもう芸人を辞めていたと思うので……。それで月1回Zoomでネタライブをやるときにびーちぶにおもしろい人には集まってやってたんですけど、そのときにおもしろい人には

コメントがいっぱいつくんですよ。でも自分がやってもコメントが全然つかないときに、自分も「おもしろい」って言われたいなと思って。なんかひとりかふたりのお客さんしかいないライブにしか出たことがないので、笑いが起きなくても何も思わないんですけど、コメントで「実際に観てる人がいるんだ〜！」と思ってからはちゃんと人のためにお笑いをしなきゃいけないって思いました（笑）。それから自分もコメントがほしいと思って、ちゃんとネタを作るようになりました。はい〜。

――コメントでリアクションが見えるという形だったんですね。

やす子　それでがんばったら、だんだんとコメントがつくようになりました。

「テレビとかではとにかく自然でいること。『自然にしていたら、なんかウケるぞ』っていうのは運がよかったです」

――ネタをがんばるっていうのはどうやってやる感じですか？

やす子　自分は養成所に行っていたとかではないので、誰かが教えてくれるわけでもないんですよね。だから見て学ぶスタイルなので、そのときはコロナで仕事がなかったので寝るとき以外はテレビとお笑いをずっと観ていましたね。でも自衛隊にいるときの2年間はテレビがまったく観られなかったし、貧乏すぎて家にもテレビがなかったので、初めてテレビを観たときは「うん？」と思って。

――知らない文化を見ている感じですね（笑）。

やす子　だからお笑いも、なんで人が笑ってるのかもわからなかったくらいなんですけど、そもそも人を笑わせるにはその人の人柄がないと笑えないんだなと。

――そこに気づいたんですね。

やす子　たとえば、おいでやす小田さんを見たら、「この人ってみんな笑ってるのかなと思って小田さんのネタでなんでみんな笑ってるのかなと思って小田さんを見たら、「この人って人柄がおもしろいから、まずそれがあって凄く大きな声でツッコんでるのも笑えるんだな」と。R－1を観たときはその人柄を知らなかったので、あまり笑えなかったんですけど。なので自分の人柄が出るようなネタを作るようにしました。

――そこで自分の中にある何かを使ったネタをやらなきゃと思って、「自衛隊ネタという武器があるな」というところにたどり着いた感じですか？

やす子　そうです。あとは養成所に行っている人、他事務所の人ほどわりと尖ったネタをしていて、それは自分もめっちゃおもしろいと思ったんですけど、「尖ったネタは世に出にくいのかな」って思いましたね（笑）。

――わりと分析家ですね。

やす子　テレビを観ていると、わかりやすいネタが多くて、コメントとかもわかりやすい人のほうがウケてるなと思ったんですね。そして「基本ができているからこそ、尖りもできるんだな」と。それは自衛隊にいたときもそうだったんですけど、どこの部隊に行くにも基礎ができてるからっていうのがあったので。「基本ができなかったら、何をやってもダメじゃん」と思って、フリ、オチというのがあるなっていうのでシルエットネタを作ったんですよ。「まずはフリだな。シルエットは何にしよう？」と。それでオチで「いや、自衛官かい！」っていう。そうしたら「これだ！」と思って、そのシルエットネタで『おもしろ荘』に出たんですけど、やっぱり最初に反応があったのがそのネタでしたね。

――ハリウッドザコシショウから、よくそこに立ち戻れましたね（笑）。

やす子　だから小田さんのおかげが大きいかもしれないですね。小田さんのネタをみんなは笑っているのに、自分は最初笑えなかったのが大きかったです。その「疑問を持つ」ってめっちゃ大事だなって思いました。はい〜。

――自分の人柄に合ったものをやらなきゃダメ、ネタはフリとオチがないと笑いづらいという分析ですね。いや、凄い。

やす子　ＳＭＡには個性豊かな人が多いっていうのも大きかったですね。

――でも人柄を伝えるっていちばん難しくないですか？

やす子　たしかに難しいです。

――ボクも若い頃、「これを俺が言っても笑わないけど、有名な芸人が言ったら笑うだろ」っていうのがありましたけど、そこを売るのが難しいから、みんな悩むんだと思うんですよね。

やす子　自分もネタに関してはまったくわからないですけど、テレビとかではとにかく自然でいたらいいなっていう。自分ではおもしろいと思っていないのにポッと言ったことがウケて、なぜかはまったくわからないけどそれでいいんだっていう。芸人にとってはラクな性格だったのかもしれないです。「自然にしていたら、なんかウケるぞ」っていうのが運がよかったなって思いますね。実力はまったくないです（笑）。はい〜。

――まず、芸人の世界に一歩足を踏み入れたこと自体が運がよかったというか。

やす子　そうですね。でもシショウの単独ライブを観て、あそこでやる気が出ていなかったら、たぶんしてなかったんだろうなと思います。はい〜。

――自衛隊を辞めてから、トイレ清掃の仕事をしていたとい

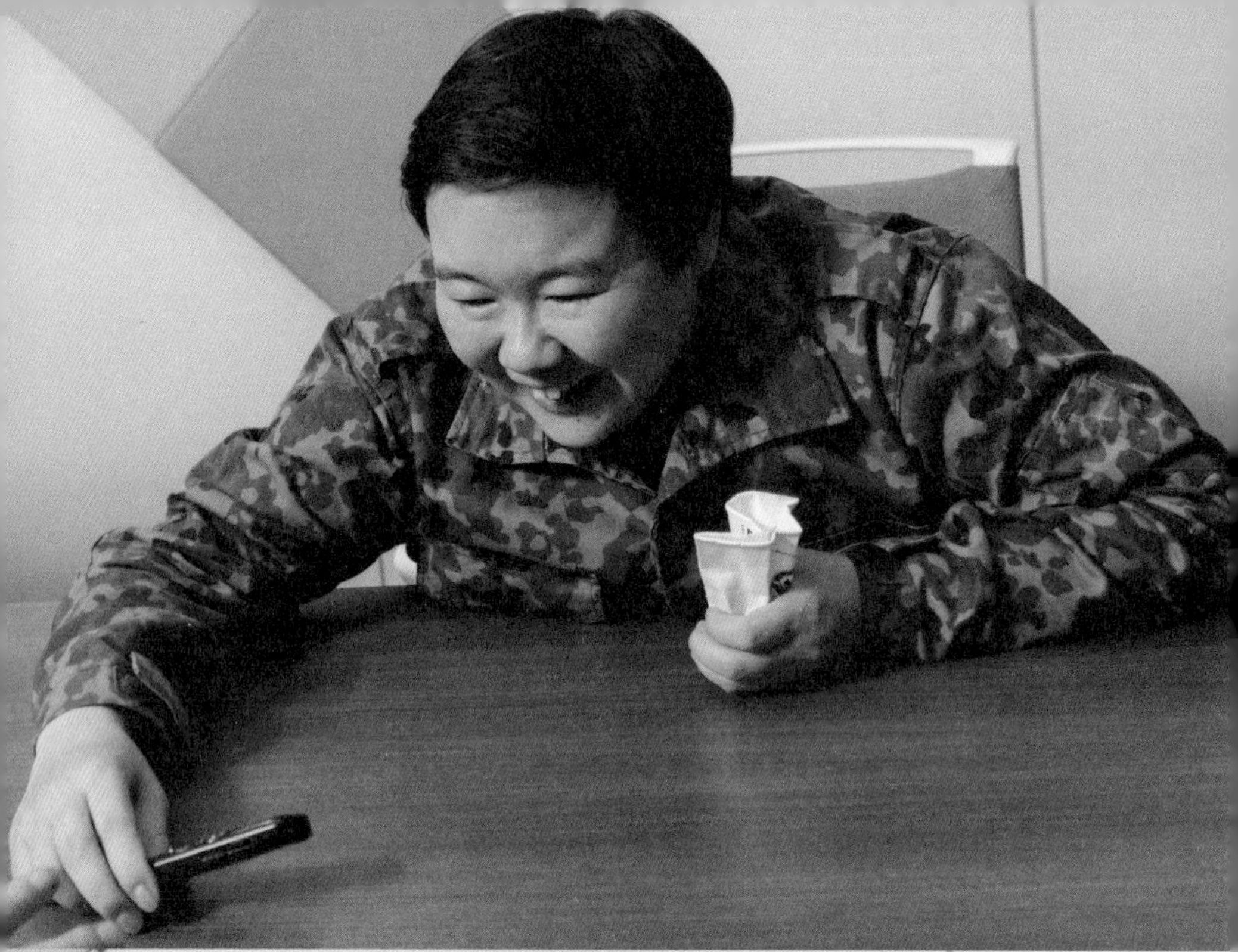

うことですが。

やす子　もともと人と絡むのが苦手で、そのときは「トイレの清掃員を一生やろう」と思っていたんですよ。人と絡まなくていいいし、便所を綺麗にするだけでいいので。

「1年間でバイトを15回くらいクビになったんですけど、いまのところ芸人は大丈夫ですね。しんどいと思ったことがない」

――自衛隊を辞めたときに、「これからの人生はずっとひとりでいたい」って思ったんですか?

やす子　そうです。もともと自衛隊にもやる気がないまま入ったと言ったら失礼なんですけど、でも自分の中では自衛隊を一生やるつもりではいて、まあ、仕事ができなかった自分が悪いんですけど、2年で辞めてしまって。

――トイレ清掃はどれくらいやっていたんですか?

やす子　並行して中学校の用務員さんもやっていたんですけど、2019年から始めて『おもしろ荘』の直前まで在籍していましたね。なんか当時はやる気もなくて、働く気も起きなくて、中野の家賃2万5000円の家に住んでいて、「何もできないな……」ってなっていた時期でしたね。

――じゃあ、本当にお笑いに手を差し伸べられた感じだった。

やす子　働けないので借金して生活をしていて、そのときに友達のコもなよっとしていて働けないコだったので、働けない同士が公園で話してたら「芸人やりたい」って言われて、「そっかあ」っていう。ありがたいです(笑)。

――ボクが思うに、芸人さんってダメな人がいっぱいいると思うんですよ。

やす子　超います。みんなダメ人間ですね。

――失礼ですけど、SMAの芸人さんは特に(笑)。

やす子　SMAの芸人はダメ人間しかいないんですよ!(笑)。先輩なのに一緒にご飯を買いに行ったら、「おごって!」って言われて勝手に買い物カゴにモノを入れられたりとか。野田ちゃんさんとユニットを組んでいて、ネタ合わせでコーヒーを飲みに行ったらなぜか自分がおごって、「これ、エピソードのネタにしてもいいよ」って言われるんですけど、誰も野田ちゃんさんのことを知らないからウケないし。使えないんですよ。

――アハハハハ! ボク、野田ちゃんとは渋谷公園通り劇場にいたときの同期なんですよ(笑)。

やす子　えーっ、そうなんですか!?

――だからいまの話を聞いて、ただただ胸が痛いです(笑)。

やす子　野田ちゃんさんが言っていた作家さんって大井さんのことだったんですね! なんかいつも会われていますよ

ね？　あー、辻褄が合った！

——本当に申し訳ないです。野田ちゃんはダメですよねぇ。

やす子　ダメですね。しかも賞レースのエントリーフィーも私が出してるんですよ（笑）。

——ふたりで出るのに。

やす子　それで1、2回戦で落ちるし（笑）。

——あの野郎！（笑）。

やす子　本当にあの野郎ですよ。「プライドを持って！」って思いますね（笑）。

——でも、そんなダメな人たちに囲まれながら、楽しくやれているんですね。

やす子　楽しいです。はい〜。いまは人生がめっちゃ楽しいです（笑）。完全に生きやすいですね。

——いまどきの言葉で言うと、多様性が認められるというか。「おまえ、変だな」って言われながらも笑ってくれたりとか、許容してくれることが生きやすさだったりするんですかね？

やす子　自分は向いていない仕事はかならず無断欠勤して遅刻もして辞めていくっていうオチなので。1年間でバイトを15回くらいクビになったんですけど、いまのところ芸人は大丈夫ですね。

——しんどいなって思う現場はない？

やす子　ないです。あとは飽き性なので、最近は固定の仕事も入ってきましたけど、仕事の現場がいつも違ったりとかするのもいいですし、あとは人もやさしいですし。それと何も考えていなさそうに見えて、平場とかで考えるのが好きなのかもしれないですね。みんなでサッカーをして「はい〜、はい〜」ってパスを回してる感じが楽しいというか。

——サッカーのパスのようにトークを回している感じが。

やす子　それで「これは決めちゃっていいんですか？」っていうのがめっちゃ楽しいです（笑）。

——チームプレーをしている感じ（笑）。

やす子　ただ、『さんまのお笑い向上委員会』のときだけはサッカーをしてると思ってたら野球とかバレーになっていて、「えっ？　えっ？」となってしまってまったくわからないんですけど（笑）。自分では身体を動かすのとか身体を張るお仕事が好きだと思っていたんですけど、意外と考えていないように見えて頭を使うのが好きなのかなとは思います。凄く楽しい毎日です。

「音楽は邦ロック、ヒップホップが特に好きですけど、いろんなジャンルを聴きます。音楽を流していないと不安になってしまうんです」

——トラックを作ったりとか、歌を作ったりとか、基本的に生み出すことが好きですよね？

やす子　あっ、そうですね。たぶん言われたことをやるんじゃなくて、表現することが好きなのかもしれません。はい～。

――そこに気づいたのは芸人になってからですか？

やす子　そうですね。それまでは人前に立つのはめっちゃ苦手で、立ってしゃべるだけで泣き出しちゃうような子どもだったので。それが「自由にしていいよ」って言われてポンと放り込まれて、「あっ、自由にしていいんだ」って思ったから作れたのかもしれません。フラッシュカードっていうのがＴｉｋＴｏｋとかでバズったことがあって、それとかも休みの日に何をしたらいいかわからないときに「動画でも作ろう」と思ったのがきっかけで生まれたりしたので、動くことは好きですね。なんかじっとしていられないのかもしれません（笑）。

――だいたい普通の人は「歌が好きだから作りたいな」と思っても、その一歩目がなかなか出られないと思うんですよ。

やす子　たしかに。はい～。

――たとえば自分で機材を買ってきてビートやトラックを作って、歌詞を書いて録ってっていう作業はけっこうな手間じゃないですか。

やす子　そうですね。最近気づいたのは、自分は好きになった世界は摂取するだけじゃなくて作り手に回りたくなっちゃうんだなって。マンガもそうなんですけどハマったら凄くハマるんですよ。それで「作り手になったら、もっとこの世界がわかるんじゃないか？」って思ってしまって、なんか作り出しました（笑）。「理解したい！」っていうか。

――興味がありすぎて、作り手側に行きたくなっちゃうんですね。

やす子　そうです。「作りたくなっちゃう！」っていう。

――音楽はやっぱりヒップホップが好きなんですか？

やす子　そうですね。邦ロック、ヒップホップが特に好きですけど、意外といろんなジャンルを聴きます。洋楽も聴きますし。

――音楽の興味はどこがベースになってるんですか？

やす子　音楽を流していないと不安になってしまうんです。たぶん実家がずっと音楽が流れている家庭だったので、それがきっかけですね。あとは地元（山口県）で『ワイルドバンチフェス』というフェスが開かれるようになって、そこに中学のときに友達と行きだしたのがきっかけで音楽が好きになりました。

――そのときは誰が目当てだったんですか？

やす子　そのときはＲＩＰ ＳＬＹＭＥさんとかＳＨＩＳＨＡＭＯさんとか、当時流行っていたバンドが出てました。ちなみにＹＯＡＳＯＢＩのＡｙａｓｅさんとかダイヤモンドの小野（竜輔）さんは自分と同じ高校の出身ですね。

——へえー！　邦ロックからヒップホップに行くのは、ＲＩＰ ＳＬＹＭＥを経由しているんですか？

やす子　そうですね。中学生のときに『ＲＩＤＥ ＯＮ』を聴いてたら韻を踏むのがおもしろいなと思って、ちょうどその頃に『高校生ＲＡＰ選手権』とかがあって。

——あれ、ボクも関わっていたんですよ。

やす子　えっ、『ＢＡＺＯＯＫＡ!!!』で？　すご〜いです〜。当時、自分が観ていたのはニガリ（ＭＣ☆ニガリａ.ｋ.ａ赤い稲妻）とかＴ−Ｐａｂｌｏｗさんとか、かしわとかが出てててめっちゃおもしろかったですね。いちばん印象に残ってるのは最近なんですけど、ＲｅｄＥｙｅの「Ｓａｙ ｈｅｌｌｏ ｓｍｏｋｉｎｇ ｅｖｅｒｙｄａｙ〜」っていうサンプリングで、いまもめっちゃおもしろいですよね。そうそう、いちばんのきっかけは『高校生ＲＡＰ選手権』ですね。

——そこからラッパーになろうとは思わなかったんですか？

やす子　ヒップホップだけは作り手になりたいとは思わなかったですね。人前でカラオケとかが凄く苦手でしたし。それで最初は『高校生ＲＡＰ選手権』の審査員の人たちの曲を聴き始めたんですよ。そこからだんだんとアングラとかそっち系に行った感じですね。

——当時のやす子さんの視聴環境は、自分でＣＤを買いに行く感じですか？

やす子　そうですね。スマホを持っていなかったのでブックオフに安いＣＤを買いに行って、みんなスマホで聴いてるのに自分は部屋でラジカセにＣＤを入れて聴いていましたね。あとはパソコンがあったので音楽を聴いたりしてましたね。音楽が好きな友達が多かったので、いろいろと教えてもらいながら聴いて、おすすめの曲を言い合ってたっていう感じですね。

「プライドが高い若手芸人とか、ボンボンで芸人とかやってる人は1回底まで落ちないとわからんぞって」

——ヒップホップと、くるりも好きなんですよね？

やす子　めっちゃ好きです！　『ロックンロール』とか『リバー』、あとは『ワールズエンド・スーパーノヴァ』も聴いてて気持ちよくなりますね。はい〜。

——世の中には、かつてのやす子さんのように「しんどいな……」って思いながら生活している人がいっぱいいると思うんですよ。「いまの環境は合ってないな……」とか。そういう人に対してやす子さんからアドバイスをするとしたらなん

ですか？

やす子　えー、アドバイス……。それこそガクヅケの木田さんと「聴いた人がハッピーになる曲を作りましょう！」って話をしていて、元気になってほしいなとは常々思っていますけども。まあまあ、何事もつらいことは時間が解決してくれますよ（笑）。何か悪いことが起きても人生は時間だけは経過するから。人を殺すとかは時間がちょっとかかりますけど。

――「人を殺すのは時間がかかる」ってどういうことですか!?（笑）。

やす子　（聞かずに）でも些細なことだとあっという間というか、「おいしいものでも食べてください」って思います。好きな音楽を聴いて、寝て。

――まずはそこから？

やす子　はい～。最後はみんな死んじゃうんで。自分はめっちゃ悲しいときほど、「今日も楽しかった！」って家で大きな声で言います。「今日は超うれし～！」とか「ハッピ～！」とか言います。

――そう思い込ませると。

やす子　それで「爆笑 動画」で調べて、それを観てウソでも笑うっていう。でも自分は落ち込んでいるときほどいいリリックが書けますね。

――落ち込んでるときこそ、何かを生み出すチャンスかもしれない。

やす子　はい～。落ち込んだ人は歌詞でも書いてみてください。いい曲が生まれるかもしれません。あとは絵を描くとか。だからその感情を表現できるから芸人っていいですね。まあ、死なずに（笑）。

――死なずにね（笑）。

やす子　あと、自分の居場所を見つけるのは大事！

――大崎洋さんと同じことを言ってますね（笑）。

やす子　そうなんですか？　誰ですか、その人は？

――吉本興業の会長さんです。今年、『居場所。』っていう本を出したばっかりで。

やす子　そうなんですか？　じゃあ、自分も経営者とかに向いてるのかな？（笑）。

――やす子さんにとって、自分の居場所はどこですか？

やす子　家とびーちぶです。あとは心の中にあります。でも思うのは、プライドも全部捨ててドン底に落ちた人ほど強くなるなと思って。自分は底の底を経験したことがあるので、それを思い出すと、いまはめっちゃ幸せだなってなりますね。

――細々とした悩みはあるけども。

やす子　はい～。だからプライドが高い若手芸人とか、ボンボンで芸人とかやってる人は1回そこまで落ちないとわからんぞって。落ちればいいのにって思いますね（笑）。

——意外と厳しいことを言いますね。「ボンボンのくせに一丁前に落ち込みやがって」と（笑）。

やす子　ボンボンって何がおもしろいんだろうなって思いますね。それは本当に思います（笑）。世を知れないですし。だから私はヒップホップが好きなんですよ。

「30歳までに自分の描いたマンガをアニメ化するのが夢ですね。芸人もマンガもどっちもスペシャルになりたいです」

——なるほど。やす子さんが経験した「底の底」っていうのはどれくらいの世界だったんですか？

やす子　まあ、詳しくはお話できないのですが、とにかくウチは母子家庭で凄く貧乏でしたね。貧乏だからいろんなことがあったというか、貧乏って人の性格まで変えてしまうんだなってことを知っていましたね。お金ってないといけないんだな、お金がないと人は余裕ができないんだっていうのは子どもの頃から凄く思っていましたね。はい～。

——そういった環境下で必然的に選択肢として自衛隊っていう感じだったんですか？

やす子　そうです～。「もう自衛隊に入るしかねえ！」と思って。本当は動物が大好きだから動物のお医者さんになりたかったんですけど、大学にも行けなかったですし、18歳だと家を借りられなかったんですよ。だから最終手段で自衛隊に行くしかないってなって。なので、いまは人生めっちゃ幸せになってます。はい～。

——よく自分の力で幸せを引き寄せましたね！

やす子　本当に運がよかったです！

——運なのかなあ？　友達が最初にライブに「行かない」ってなったとき、普通なら自分も休むと思うんですよね。

やす子　そうですよね。でも断れない性格がすべてよく転じてきました。そもそも「芸人になろう」っていう誘いも断れなかったし。断れないって強いんだなって思いました（笑）。

——断れない力（笑）。

やす子　でも最初は「運だな」って思っていたんですけど、いまはこの仕事をやるのが幸せだから、「これが続くように」と考えるようになりました。どうしたらおもしろい言葉になるのかなとか、やっぱり芸能界は厳しい世界ですので、長く生きていけるようにがんばらなきゃなっていう時期ですね。「ちゃんとおもしろいことを言わなきゃ」って（笑）。

——今後はどういうふうになっていきたいっていうのはあるんですか？

やす子　最近まではあまり「シビれるな」ってことがなかったんですけど、シビれる感覚が好きなんですよ。

――シビれる感覚っていうのはどういうことですか？

やす子　FEBB AS YOUNG MASONを初めて聴いたときにめっちゃシビれたんですよ。「カッコいい〜〜！！」と思って。だけど、ここ1、2年くらいはそんな感覚がなかったんで「シビれたいな」って思っていたときに『行列のできる相談所』で「マンガを描いてみますか？」って言われて、3ページくらいアナログ原稿で描いてみたときに「楽しい！」と思って、「やりた〜い！」って火がついたんですよ。それで「あっ、漫画家になろう！」と思って、自分の絵が動いてほしいと思ったんで、30歳までにアニメ化するマンガを作るのがいまの夢ですね。なので「芸人もマンガもどっちもスペシャルになるぞ」って思いました。はい〜。

――すご〜い！

やす子　凄くないです〜（笑）。大人になってこんなことを言うのは恥ずかしいんですけど、大人になったからこそ言えるかなと思って。

――芸人になって居場所ができたら、そこで満足しがちだと思うんですよ。でも、その先に漫画家になりたいとか、曲を作りたいとか、新しいことがどんどん出てくるんですか？

やす子　そうです。飽き性なのか、それが転じて「シビれた〜い！」っていうのが。

――その「シビれた〜い！」っていうのは最高ですよ！（笑）。

やす子　刺激がほしいんです。だから「シビれるような歌手が出てこい！」って思いますもん。「シビれるような作品が出てこい！」って。

――お話を聞いてると、安定とか安心をしたいのかなって思ったんですけど、シビれたいんですね。

やす子　もちろん安定はしていたいんですけど、シビれる供給がほしいっていう感じですね。はい〜。でも大井さんも格闘技をされていたりしますけど、結局はそういうことなんじゃないですかね。

――ボクもシビれたいですね（笑）。

やす子　シビれたいですよね！（笑）。

――みんなシビれたいんですよ（笑）。

やす子　シビれるような刺激がほしいです。そりゃ安定していたいですけど、結局燃えるって大事ですよね。はい〜。

やす子（やすこ）
1998年9月2日生まれ、山口県宇部市出身。芸人・即応予備自衛官。ソニー・ミュージックアーティスツ所属。
本名・安井かのん。山口県立宇部中央高等学校卒業後、陸上自衛隊に入隊する。大久保駐屯地の施設科に配属され2019年まで2年間勤務。自衛官退官後に上京し、半年ほど官公庁などの清掃員として働いたのち友人の誘いでお笑いを始める。2019年8月にピン芸人「やす子」としてデビュー。元自衛官であることを活かしたネタを武器にライブシーンで活動する。2021年の元旦に放送された『おもしろ荘2021新年SP』（日本テレビ系）に出演して知名度が上昇。現在はすっかりお茶の間の人気者となっている。

大井洋一（おおい・よういち）
1977年8月4日生まれ、東京都世田谷区出身。放送作家。『はねるのトびら』『SMAP×SMAP』『リンカーン』『クイズ☆タレント名鑑』『やりすぎコージー』『笑っていいとも!』『水曜日のダウンタウン』などの構成に参加。作家を志望する前にプロキックボクサーとして活動していた経験を活かし、2012年5月13日、前田日明が主宰するアマチュア格闘技大会『THE OUTSIDER 第21戦』でMMAデビュー。2018年9月2日、『THE OUTSIDER第52戦』ではTHE OUTSIDER55-60kg級王者となる。

AGE IS JUST A NUMBER.

坂本一弘

馬乗りゴリラビルジャーニー（仮）

第34回
「推し」

構成：井上崇宏

（さかもと・かずひろ）
1969年3月4日生まれ、大阪府大阪市出身。
修斗プロデューサー／株式会社サステイン代表。

——坂本さん、すみません。自分は旗揚げマニアを自称しておきながら、5・21COLORSを会場ではなくABEMAで拝見させていただきました（笑）。

坂本 いやいや、ABEMAで視聴していただき、ありがとうございます。

——修斗が18年ぶりの女子大会開催。今日はそのCOLORSの世界一遅い総括ということで。

坂本 やってみて、やっぱりひとつは藤井恵さんがCSOとして前面に立ったことがよかったなと思いますね。前日の計量が終わったあとの選手全員に対する声がけとか、そういった細部もそうですし。

——そういったことをちゃんと丁寧でやることで、イベント全体の士気が高まったりしますよね。

坂本 それでメインの世界戦（世界女子スーパーアトム級チャンピオンシップ・SARAMI vs渡辺彩華）のコミッショナー宣言のときに藤井CSOに上がってもらったことで会場の空気がガラッと変わったりしますからね。あれは見ていてやっぱりいいなと思いましたね。試合内容も含めて。

——メインはおもしろかったですよね。

坂本 下馬評では王者のSARAMI選手のほうが実力は上だとほとんどの人が思っていた。そこに新生・渡辺選手がKOで王座奪取という。メインで、しかも女子の試合でKO決着っていうのはね。いい旗揚げ戦だったなって思います。

——18年ぶりに女子の大会を主催してみて、やっぱり当時との違いってたくさんありました？

坂本 競技のレベルが上がっているのは当然のことなんですけど、やっぱり18年という時間が経って、すでに現役を引退されている藤井さんをトップに据えることができたっていうことが大きいですよ。世界と闘ってきたオピニオンリーダーが、裏方のトップになってイベントを引っ張っている姿は見ていて感慨深かったです。それで今日は俺

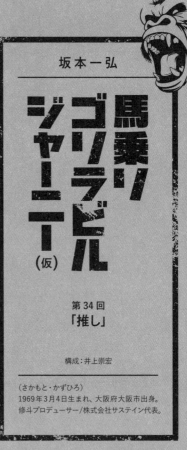

が聞きたいんですけど、井上さん的にCOLORSは今後どうしていったらおもしろいと思いますか？　COLORSに必要なものってなんだと思います？

――それはズバリ、アングルですかね？

坂本　ああ、アングル作りね。

――試合を盛り上げるための視点作りですよね。ファンに見方を提示するっていうことをもっとやっていったらいいんじゃないかと思いました。

坂本　いま、そう言われてパッと思ったことは、もしかしたら男のファイターよりも女子選手のほうがその重要性に敏感に気づいて、こなせる可能性があるんじゃないかって思うんですよ。

――と言いますと？

坂本　青木真也とかは自己プロデュースでそれをうまくやることができるけど、じゃあほかの男の選手の中でそれができているのは何人いるの？って話じゃないですか。でも女子の選手たちに「こうやったらもっと輝ける」「その輝ける場を自分たちで作ろうよ」って提案したときに彼女たちのほうが理解力が高いんじゃないかっていう気がするんです。どっちかというと男のほうが「勝てるようにがんばります」で終わりみたいなことが多いじゃないですか。それでどうして女子のほうが理解力が高いと思ったかというと、これは不思議なんですけど、カメラマンの長尾（迪）さんにスタジオで選手のポートレートを撮ってもらっているときのことなんですけど、撮影の途中に写真を見せてもらったら男の選手よりも女子選手のほうが圧倒的にカッコよくなるスピードが速いんですよ。いい意味で照れがないといいますか。

――輝きの増し方が速いと。なんかわからないでもないですね。

坂本　たとえば一般人でも、男が急にカッコよくなることってなかなかないけど、急にかわいくなったなと思う女のコっているじゃないですか。

――たしかに。「いい恋愛をしてるんだな」とか思いますよね（笑）。

坂本　だから理想は無料の化粧品って言うんですか、そのときの調子のよさを自分で醸し出す力は女子のほうがあるのかもしれないなと。だからこないだのCOLORSでも、そういう新しいイベントが始まったということに対して選手たちは敏感というか、どの選手も輝いている感が凄くあって。それこそ藤井さんも生き生きして輝いてるんですよ。

――じゃあ、新たに女子だけの大会をやった意味っていうのはそこかもしれないですよね。男子の中に組まれている女子の試合ということじゃ、そうはならなかったかも。

坂本　みんなが責任感を持ってというか、この大会を盛り上げていこうっていうふうに自然になっていったんですよ。

――COLORSという名称が意味を成しているわけですよね。「ここで自分のカラーを打ち出していくぞ」っていう。

坂本　まさにそうなんですよ。

――いまボクの中で学びがありましたよ。たしかにあそこで旗振りとして立ったのも、女子レジェンドのフジメグさんだったからよかったんでしょうね。

坂本　あそこにおっさんの俺が立ったら、いつもの修斗と一緒なんですよ。それじゃ何も変わらない。

――だからアングルっていうのも、その人のカラーを引き出すためのものですからね。坂本さんは以前からスターダムを観に行きたがってましたよね？　たしかにスターダムという団体が盛り上がっていくスピード感というのも、女子ならではという気がしますね。

坂本　遠目からも、かつての女子プロレスとは違う輝きを放っている感じが伝わってきますからね。そしてリング上で華やかに輝いている選手のことをファンの人は「推したい」と思っているわけですよね。俺はその「推す」という心理を学びたくてスターダムを観に行ってみたいんですよ。

――そういえば先日、HOLY SHITで以前RIZINのラウンドガールもやっていた川村那月さんのファンイベントをやったんですよ。川村さんのグッズを買った人にツーショット写真が撮れますとかサインをしますっていうイベントなんですけど、そこに来るファンの人たちの楽しそうな姿を見ていて、「俺もなんか推し活したいな」って思ったんですよ（笑）。だってもうデタラメに楽しそうなんですよ。

坂本　だからその「推す」という行為の心理状態を知りたいんですよ。だって、べつにいくら推しても、その対象とお付き合いができたりするわけでもないわけじゃないですか（笑）。それでも推したい理由が何かあるわけでしょ。

――まさにボクも最近そこを学びたいと思っているんですよ。「推し活とは？」。それでボクは川村那月さん側に注目をして、これは何か推させるテクニックみたいなものがあるんじゃないかと。

坂本　あー、それは大事だな。それで何か気づいた点はありました？

――ファンの方全員にフランクなタメ口でした。「なるほどな」と（笑）。

坂本　たしかに仲間感というか友達感が出ますよね。

――そうなんです。だからたぶん、人気のある女子プロレスラーもファンとはタメ口で接していると思うんですよ。

坂本　なるほど。でも格闘技に置き換えてみたときに、体育会系はどうしても縦関係みたいなことがあるので、タメ口はきかないですよね。藤井さんも誰に対してもきちんと敬語で話されますし。でも推させようと思ったらタメ口なんですね。

――ボクがタメ口という部分にしか気づけなかっただけで、ほかにもたくさん理由というか要素はあるのかもしれないですけど（笑）。

坂本　でもタメ口って異性に対してじゃないと通用しなくないですか？　たとえば同性の歳上の人にタメ口をきいたら「生意気だな」ってなりかねないじゃないですか。その人の側近が黙っていない可能性もある。でも、それがたとえば俺が自分よりも年輩の女性の方にタメ口で「○○さんさ〜」みたいな感じで接したら、かわいがられる可能性もあるってことじゃないですか。

――いやいや、坂本さん。さらに先日、新宿伊勢丹で浜崎朱加選手のサイン会もやったんですよ。浜崎さんはああいうキャラクターだから、案の定というか、来られたファンの8割くらいが女性なんですね。

坂本　それは凄くわかります。高校のときにあこがれていたカッコいい先輩みたいな感じがありますもん。

——あとは体育教師感もありますよね（笑）。そのときに驚いたのが、ボクがこれまでに参列したどのお葬式よりも泣いている人が多いんですよ。

坂本　それは浜崎さんと会えたことで？

——そうなんです。みんなもう本人を目の前にしてしゃべれなくなってるんですよ。ガン泣きです。

坂本　教祖じゃないですか。

——もう過呼吸を起こしそうになっている人もいて。

坂本　えっ、本当ですか!?

——本当なんですよ。結局、一言も言葉を発することができずに帰っていく人もいましたから。

坂本　宝塚みたいな世界になっていますね。

——あとはご夫婦で来てくれた人で、旦那さんのほうが「妻がもう浜崎さんの大ファンなんですけど、今日は朝からずっと緊張してて」みたいなことを言うと、奥さんが「浜崎さんに余計なことを言うんじゃないよ」みたいな感じで睨んでたりだとか（笑）。

坂本　浜崎さんはすげえなあ。

——それでまたある別のご夫婦は、生後半年くらいの娘さんを抱っこして来ていて「娘に〝朱加〟って名前をつけさせていただきました。浜崎さんみたいに強いコに育ってほしいです」と。

坂本　凄い！

——ちなみに浜崎さんは、ファンに対しては基本敬語でした（笑）。

坂本　こらこら、さっきのタメ口理論はどこに行った（笑）。

——だからやっぱりCOLORSも、どれだけ多くスターを誕生させることができるかってことですよね。そこでボクが推したいのはAACCの澤田千優さんですね。

坂本　修斗の女子アトム級チャンピオンですよ。

——ルックスもいいし、何より強いし。彼女も今後COLORSに出たりするんですか？

坂本　今度COLORSは12月にやろうと思っているんですけど、そこで澤田選手も防衛戦か、もしくは外国人選手と当てていきたいなと思っています。だから澤田、渡辺の両チャンピオンを揃い踏みさせたいなと。もちろんそこでSARAMI選手にも復活してもらいたいっていう思いもありますし、それこそ参戦が決定した藤野恵実選手とかも。あとは黒部三奈選手にも登場してもらいたいですし。じゃあ、今後『KAMINOGE』で澤田選手を推してもらえるということでいいですか？

——えっ、COLORSにボクのカラーも入れちゃっていいんですか（笑）。

坂本　井上さん個人の色は入れないでくださいよ。あくまで彼女がファンに推されるためにはどうしたらいいかだけを考えてください。自分が夢中になって推すのではなく（笑）。

TARZAN by TARZAN

ターザン バイ ターザン

はたして定義王・ターザン山本！は、ターザン山本！を定義することができるのか？「これは単にターザン山本の話だけじゃなくて、ある時代の側面を切り取っているみたいな形でリンクしていて凄く時代性があるんですよ。読者のみなさんに言いたいのは、単に俺が生意気に能書きを言ってるわけではないんです。その一方でやっぱり俺はいい加減で無責任なんですよ」

ターザン山本！（たーざん・やまもと）
1946年4月26日生まれ、山口県岩国市出身。ライター。元『週刊プロレス』編集長。立命館大学を中退後、映写技師を経て新大阪新聞社に入社して『週刊ファイト』で記者を務める。その後、ベースボール・マガジン社に移籍。1987年に『週刊プロレス』の編集長に就任し、“活字プロレス”“密航”などの流行語を生み、週プロを公称40万部という怪物メディアへと成長させた。

絵　五木田智央　聞き手　井上崇宏

第四十五章

シン婚

「新間さんが会見中にいきなり『ターザン山本が結婚しました。おめでとう！』とか言うんですよ！」

山本　お、おい……。俺ははめられてしまったよ……。

――えっ、なになに、いきなりどうしました!?　ボク、なんにも知らないですよ。

山本　はめられた結婚だよ。いや、こないださ、佐山サトルが主宰するストロングスタイルプロレスの記者会見があったんよ。

――はい。で、その会見に来るようにと、佐山さんのマネージャーの平井（丈雅）さんからお願いをされました？

山本　えっ、なんでわかったん？

――いや、マジで適当に言いました（笑）。

山本　本当にそうなんですよ。平井さんが俺に会見に来てくれって連絡してきてさ。だけど俺が会見に行っても、なんも意味がないわけじゃない。

――興行ならまだわかるけど。

山本　だけど、その会見に来てくれって凄くしつこく言ってくるんだよね。たぶん平井さんは俺のことが大好きなんだろうけど。

――たぶん大好きですよ。

山本　それで俺は仕方なく行ったわけよ。まあ、会見の場所が市ヶ谷だったから近かったんよ。そうしたら女子のタッグトーナメントの会見だったんですよ。あとはジャガー横田が7月にデビュー47周年記念大会をやるという発表もあってね。

――ええ。

山本　それでね、会見場には新間（寿）さんもいたわけですよ。要するにストロングスタイルの重鎮というか会長だから、あの人は。そうしたら新間さんが会見中にいきなりさ、「ターザン山本が結婚しました。おめでとう！」とか言うんですよ！

――なんの会見ですか、それ（笑）。

山本　マスコミもいっぱい来ているわけじゃないですか。だから俺もそこで「いや、新間さん、それは違いますよ」とは言えないわけよ。

――結婚していないなら「していないです！」と言えばいいのでは（笑）。

山本　いやいや、そんなの言える状況じゃないし、相手は新間さんだから俺は反論も弁解もできないわけよ。まあ、新間さんも俺のことが大好きだから「ターザン山本に彼女ができた＝結婚だ」という形になってさ。

――既成事実を作ってしまえっていう形でね。

山本　あるいは祝福してしまえと。

――祝福してしまえという形（笑）。

山本　他人のことなのに新間さんがそう言ってしまったわけですよ。それで今度、6月22日に親しい人だけを集めて結婚パーティーをやるっていうことも発表してさ、それは帝国ホテルの『北京』でやるっていう形で。

――新間さん御用達の中国料理『北京』で。

山本　前はよく『北京』でも記者会見をやっていたんですよ。それでね、会見場には報知新聞の福留（崇広）さんもいたんですよ。それで福留さんが俺に取材してくるんだよね。「結婚ってどういうことですか？」っていう形で。

――本当に会見になっちゃってる（笑）。

山本　それで俺はもう否定できないから、「まあ、いいか」と思って、プロレス流にその流れに乗っかっちゃったわけですよぉ。

――受け身は全部取る、流れには全部乗っかるっていうのがターザン山本のポリシーですからね。

山本　そうそう。そうしたらさ、福留さんが「ターザン山本、4度目の結婚」という記事を書いてネットに載せたんよ。

――えっ、スポーツ報知で⁉（笑）。

山本　そう！（笑）。それであとから福留さんから「ヤフーニュースにも載せましたから」って連絡が来たわけですよぉ。

「俺はこの〝シン婚〟という形で4回目の結婚となるわけだけど、それで俺はついにアントニオ猪木に並んだんよ！」

――アハハハハ！　みんなやりたい放題だな！（笑）。

山本　それで俺はきのうストロングスタイルプロレスを観に後楽園ホールに行ったんよ。そうしたらさ、ベースボール・マガジン社の犬童カメラマンがいつもプロレスのリングサイドで写真を撮ってるでしょ？　その犬童カメラマンが俺のところに突然来てさ、「おめでとうございます！」って言うんだよね。あとはファンの人たちもエレベーターの中で「おめでとうございます！」って言ってくるんだよ。それと大鷲透が第1試合に出てたんだけど、彼も試合が終わってから俺のところに来て「おめでとうございます！」って言うんだよね。「これは困ったな……」と思ってさ（笑）。

――（スマホを見ながら）あっ、本当にヤフーに載ってる！『元週プロ編集長・77歳ターザン山本氏、21歳年下女性と4度目の「結婚」…新間寿氏が電撃発表「シン結婚ですよ！」』って、なんだこれ（笑）。

山本　まあ、俺はそうやって状況的にははめられたわけだけど、まあ、それでいいかなと。俺はこれに乗っかろうとしているわけですよ。

──「俺はそれでいいや！」と。

山本　うん。というのは、俺は学生結婚をしたし、歳の差結婚もすでにしたわけじゃないですか。それで3回目は事実婚だったんだけど、それで俺はもう1回事実婚をやろうと思うんよ。俺はいまの新しい彼女ができたときに「シンカノ」って呼んだよね。そのときに何を公言したかと言えば「同居はしません」と。

──ここでもさんざん話しましたね。

山本　それと「入籍はしません」と。「これは新しい結婚のスタイルだよ」ということを宣言したわけですよ。要するにそれは「シン婚」ですよ。ここで俺が何を言いたいかと言えば、これまで20世紀のフランスのパリジェンヌたちが事実婚というものを世界に示したわけじゃないですか。俺はその事実婚をも超える「シン婚」をすることで、そのパリジェンヌたちを超えているわけよ。なぜかと言えば、俺は入籍もしないし、同居もしないんだから。それと俺はもう1個、何を考えたかと言えば、同居しないかわりに「お互いの家の距離を徒歩5分以内にする」というね。そして「1週間で会う時間は計10時間」と。

──トータルで。

山本　これを俺は「シン婚」宣言として勝手に決めたわけ！（笑）。

──佐山サトルばりに競技化を始めたというか、ルールブックを作ったんですね（笑）。

山本　そうそうそう！　この「シン婚」の何がいいかと言うとね、要するに婚姻届を出さないからこれは明文化されないわけですよ。つまりこの「シン婚」には離婚というものがないわけ。だから離婚に関する揉め事はいっさいない。慰謝料とかなんとかっていうのがまったくないわけ。

──事実婚だと不貞行為があったりすると慰謝料請求ができますからね。

山本　そうでしょ。事実婚だとあるけど、俺が提唱する「シン婚」にはないわけですよ。なぜかと言えば結婚も離婚もないから最初からお互いに完全に自由だと。だって週に10時間しか会わないんだから。なので、もし別れるときも離婚じゃなしにそれは解消なんですよ。

──コンビ解消ですね。

山本　別れるときはコンビ解消という形を取ることが俺はこの新しい時代のスタイルだと思うんよ。だから今回、俺はこの「シン婚」という形で結婚しようと思って、4回目の結婚となるわけだけど、それで俺はついにアントニオ猪木に並んだんよ！

――あっ、なるほど。トップタイですね（笑）。

山本　それで猪木さんはすべて入籍しているじゃないですか。

――いや、たしか最初のダイアナさんとは籍を入れていなくて事実婚ですよね。

山本　ああ、そうかもしれないね。俺はよくわからないけど。だけど子どもはいたじゃないですか。

――そうですね。

山本　俺の場合は前回、今回と入籍を2回していないんだから猪木さんを超えているわけですよ。入籍していないことで俺のほうが猪木さんよりも自由なんですよ。むしろ入籍していたら財産問題とかいろいろあるじゃないですか。墓に一緒に入れるとか入れないとかさ。俺はそれもまったく関係ないわけですよ！　だから新間さんは俺にいいチャンスを与えてくれたなと思ってさ、感謝しているんだよね。

――これからは新間さんの「新」もカタカナ表記に変えておきましょうか（笑）。

山本　勝手に「シン間」って書いとってくれ！　だから、いままでは結婚がもたらす負の側面っていうのがあるじゃないですか。もの凄くデメリットがあるわけですよ。それでテレビを観てたらさ、若い男女でもセックスレスの夫婦が非常に多いんだよね。セックスどころか普段のコミュニケーションもまったくなかったりするわけですよ。もう口もきかないという形で。なので外で不倫したりだとかするんですよ。そういうのは結婚というシステムがもたらしているダメージじゃないですか。

「普通は独占したがるわけだけど、俺は77歳になって、もう恋人に対しての独占欲がないんですよ」

――もう現行の結婚システムが古いのかもしれないですね。

山本　負の側面がモロに出ているわけで、それに対して多くの人たちが苦しんでいるわけですよ。でも俺の提唱する「シン婚」はそれをすべて解放できるよ。どうですか、これは！

――ここでちょっとまとめると、いまの彼女とのお付き合いは「これまで通りの形」ってことですよね（笑）。

山本　これまで通りというか、そもそもね、俺は結婚には向いていないわけですよ。結婚生活で一緒に仲良くしましょうとか、家族のためにこうしましょうとか、どっかに出かけましょうとか、そういうことを俺はいっさいしない人じゃないですか。競馬とか博打ばっかりやってるだけの男ですから。

――週プロ時代も、家族よりも市瀬記者と一緒にいる時間のほうが長かったでしょうし（笑）。

山本　そういうのは女性からするといちばんダメなことなんですよぉ。女性というのは相手の気持ちが自分に向いてほしいんだけど、俺は常に外を向いてるんだよね。だから結婚には向いていないわけですよ。だってさ、野郎というかオスというのは、ひとりの女性に対してだけ向けるわけがないんですよ。絶対に外に向くんですよ。電車に乗っていていい女がいたら「おっ、いい女！」って思うわけですよ。違う？

——そうですね（笑）。

山本　そういうことからすると、新間さんが仕掛けた今回の一件は、俺にとっては功を奏したというか、新たな屁理屈を見つけさせてくれたというか。それでこの屁理屈を世の中に知らせなきゃいけないなと思ったんよ！　要するにいま結婚して後悔している多くの人たちに見せつけなきゃいけないんですよ。だから俺にはいまシンカノがいるけども、そういう形態の結婚だからお互いに浮気とは言わないけども、ほかの異性と関わったりすることもあるんじゃないかなという形、あってもいいんじゃないかと。それに対してこっちは嫉妬をしないというか、どうぞ自由にやってくださいと。まあ、これは俺が77歳になって、歳をとったからこうなったわけで、普通は独占したがるわけじゃないですか。でも俺にはもう恋人に対しての独占欲がないんですよ。

——でも山本さんが歳をとったからっていうよりか、それがいまの時代なんじゃないですか。

山本　いまの時代よね？

——いまの時代です。山本さんの年齢だからこの境地に至ったとかではない気がするんですよね。

山本　結婚に関する諸問題って絶対的にあるし、それが人間にとってあらゆる障害になっているわけですよ。それを考えたら俺の考え方っていうのはあながち間違ってはいないというかさ、変でもないよなってことに気づいたんだよね。

——でも、さっきちょっとルール化していたことが笑けたんですけど、ええっと、お互いの自宅が徒歩5分圏内で、会うのは週10時間以内でしたっけ？（笑）。

山本　我々の場合だと、彼女が朝7時半に朝食を作ってくれるわけですよ。そうしたら「明日来てね」っていうメールか、あるいは電話で「明日来てね」っていう催促があるんですよ。そうしたら俺は7時半にトコトコと歩いて眠いのに彼女に家に行くわけですよ。本当はもっと寝ていたいわけですよぉ。

——じゃあ、家を7時25分くらいに出るってことですよね？

山本　いや、俺は7時20分には出るんですよ。それでトコトコと歩いて、コンビニに寄ってお土産を買ってから行くわけですよ。

——なるほど。コンビニで5分あるんですね。

山本　そうそう。コンビニでシュークリームとかお菓子類を買ってみたり、あるいは納豆を買ってみたりもするわけよ。それで7時45分頃にできあがった朝食を俺がいただくわけですよ。それは糖尿病にも非常にいい、カロリー制限をした料

TARZAN by TARZAN

理なんですよ。ご飯もこんなんしかない、たったの50グラムなんですよ。だから彼女の朝食を食べると血糖値が非常に低いんですよ。いつもは140～150くらいあるのに、110とかなんですね。俺はそれで助かってるわけ。それで朝食が8時15分頃に終わり、そのあと1時間トークをするんです。要するに彼女がやっている恋愛マスターでこういう人に会ったと。それで彼女が「この人の問題点はこうだと思うんです」って言ったあとに俺がしゃべるという形でね。「それは違うんじゃないの」とか「こうしたらいいんじゃないの」とかさ。

――たとえば今朝はどんな話をしたんですか？

山本　今朝は彼女と何を話したかって言うと、ビルボードのグローバルチャートで1位になった日本のグループがいると。それは要するにYOASOBIというグループなんですけど、それを聴いてみたら要するにラップなわけですよ。映像は全部アニメなんですよ。曲はリズム感が非常によくて素晴らしいわけですよ。「これは凄い仕掛けだな」と思ってさ。あるいは俺が外に出て体験したことを彼女に話して、彼女の恋愛マスターとしての脳に刺激を与えているような形で60分間トークして、それで「ごちそうさま」して帰るんですよ。だから会っているのは1日2時間ですよ。しかもそれは毎日行くわけではなく1週間に5回しか行かないので、5回×2時間で10時間なんですよ！

――収まった（笑）。

山本　収まった！　それで9時半に彼女の家を出たら、もうその日は会わない形だから。夜に泊まりに行くとか、そういうのはない形だから。

「お金がないってことが自由になっているひとつの要因でもあるよね。人間ってお金を持つと保守的になるんですよ」

――だから朝礼ですよね（笑）。

山本　朝礼という名のラブストーリーですよ！　その朝礼でパパッと会うと、何か確実なものを手に入れた形というか、「やった！」という気分になって、非常にその日の1日が快活な気分になるんだよね。凄く晴れた気分になるんですよ。7時半頃に起きて二度寝、三度寝しているよりも、そのクッションがいいわけですよ。

――ゲートボールですね（笑）。

山本　ゲートボールという名のラブストーリーですよ！　とにかくそういった意味で俺は4回結婚して、4つのパターンを生きているので、その4つともが俺にとっては青春なわけですよぉ。

――山本さん、『ケーフェイ』を書いたほうがいいですよ。

山本　えっ、『ケーフェイ』？

――結婚における『シン・ケーフェイ』ですよ（笑）。

山本　そうだよな！（笑）。それどこかに売り込もうかな？とにかく結婚もお互いがある一定のところを過ぎたら自由にならなければいけないんですよ。特に50が過ぎたらやるべきことはやったんだから、そこで夫婦の関係性を解消しなきゃダメなんよ。そこからは自分がやりたいことをどんどんやればいいわけですよ。男も女もね。

――お互いに同じトーンだったらまだいいんですけど、どっちか一方が依存しちゃうようだとしんどいかもですね。

山本　だからあまりにも一方から強烈に惚れられたりするとまずいわけですよぉ。適当な距離感というか塩梅が必要なんよ。それを前提として、お互いの恋愛感情をどうマイライフに適応させていくかっていうことを考えてやっていけばいいわけですよ。そこで適応できなかったら解散！　だから俺のシンカノは偉くてさ、そういうことをおもしろがる人なんよ。俺の提言したことになんの異論もなければ注文もしないし、今回もすぐにお母さんに電話して「こんなことがあったけど安心してね」と連絡をしてたからね。

――「ヤフーでニュースになってるけど安心してね」と（笑）。

山本　先回りしているわけですよぉ。偉いよねえ。そのへんも彼女は俺とは似た者同士みたいなところがあってさ。

――だから「シン婚」が成立するんですね。

山本　そうそう。だから俺はいまアインシュタインのような大発見をした気分ですよ！　もし新間さんが仕掛けなかったら、シンカノとの関係性はそのままズルズルとなっていたんだけど、新間さんがくさびを打ったわけですよ。お祝いという形でね。しかもさ、世間の人たちも「ターザン山本がまた結婚した」っていうことで一種の驚きとスキャンダルでハッピーになれるわけじゃないですか。そういう注目度もあるわけですよ。そこには「のろけてんのか、バカヤロー！」みたいな声もあるでしょう。あるいは「でもアイツだったらしゃあないな」っていう見方もあるでしょう。とにかく非常に世間をお騒がせしているよね。でもそれがひとつの物語となるんだよね。

――ネバーエンディング・ターザンストーリーですね。

山本　だって、みなさんの人生には物語がないわけじゃないですか。

――そんなことはないと思うけど（笑）。

山本　そういった意味で言うとさ、ある部分では「してやったり」みたいな形ではあるよね。あっ、それと重要なことは俺たちはお互いにカネがないんですよ。でも、それもいいわけですよぉ。

――奥さんもそうですか？

山本　うん。まだ成功していないから彼女もあまりお金がないわけですよ。それでこっちもカネがないから恋愛にお金が入り込んでくる危険性がないんですよ。それも自由になっているひとつの要因でもあるよね。人間ってお金を持つと保守的になるんですよ。すぐに守りに入るでしょ。

――持っている財産を守ろうとするし。

山本　あらゆる意味で守りに入るし、相手に強制したりとかするようになるんよ。それがいまの俺たちはお互いに空っぽだから。だから俺は77歳にして新たな希望が見えたよな。それで新間さんが開いてくれるパーティーには新間さんの奥様も来るらしいんよ。たぶん平井さんも来るだろうし。それで俺とシンカノと、俺の友達ふたりくらいと、もしかしたら新間さんが佐山さんも呼ぶかもわからないし。俺としても『北京』の円卓を囲んでやれたらそれでいいわけだから、オールスターにはしないという形でね。披露宴という形にはしないわけですよぉ。

「みなさんはよく『昭和の時代が終わった』とか言ってるけど、そうじゃなくて俺が終わってるんですよ」

――披露はしないと。

山本　身近な者だけ、親しい者だけでやる形というか、こっちが選んだ人間だけでやるという形でね。それと『北京』は中華料理だけど、その日はコース料理を出すんじゃなしに、ラーメンとかパーコー麺なんかを各自が一品ずつ食って、それにコーヒーとセットという形でいいと思うんですよ。それだとお金もかからないじゃない。そういう新しいスタイルを俺はことごとくやろうと思うんですよ。

――いや、ボクは知っていますけど、もともと山本さんはコース料理が苦手でしょ？

山本　そうだね。あれはしゃらくさい。俺は自分で食べたいものを自分が食べたいタイミングで食べたいわけですよ。あるいは「全部一気に持ってこい！」っていう形でね。だからもう全部が非常によくできた、理想的な話じゃないかなって思うんですよ。どう？　よくできてない？

――はい。素晴らしいと思います。

山本　本当に？　そうやって認めてくれるとは俺はさらに強気になるな！

――いやいや、そんなそんな。やめてください（笑）。

山本　いや、いま一気に強気になったな。声もデカくなるよ。

――これまでのターザン山本に対する評価というのは、週プロ編集長時代が終わって以降、いろんな時期によって評価が分かれるわけじゃないですか。たとえば「ターザンはもう終わったんじゃないか」とか。それがいまはまた「ターザンの生き方ってちょっといいよな。でもまあ、なりたくはないけど」くらいの時期には入っていますので（笑）。

山本　俺は週プロの編集長時代に歴史的なとんでもないことをやってのけたわけですよ！　誰にも真似できないことをね。それから会社を辞めてマット界から去った時点で、俺はただの人というか素浪人という形になったわけですよ。そこから俺は新しいことをやろうとはしなかったわけですよ。たとえば作家活動とかさ。それよりも俺は自由な時間を与えられたんだから、毎日をずぼらに楽しんだほうがいいということを選んでしまったわけですよ。だからそのことに対して吉田豪ちゃんや水道橋博士とかは「才能の無駄遣いだ」と言ってくれていたわけだけど。

――「堕落した」と。

山本　「なぜ、ターザンは何もやらないのか？」という苛立ち、それはいろんな人から散々言われたわけですよ。でも俺はそうじゃなしにどうせみんな死ぬんだから、こうやって毎日を楽しむことのほうがはるかに重要であることを知ったわけですよ。

――無駄な時間を過ごすことのほうが大事だったと。

山本　だって、どうせ死ぬんだから。みなさんは歴史に残るような足跡を残したいとか、すぐにそういうことをやろうとするけども、死んだらもう無になるわけですよ。

――なんならもう歴史に残るようなことはやったし、と。

山本　もうそんなの俺はとっくにやったわけじゃないですか。でね、俺は最近思うんですよ。若い人たちがテレビに出ているんですよ。そこで恋愛、人生、目的、夢とかを語っているわけ。そういったドラマやトークショーとかを見ていると、まるで別世界なわけですよ。

――「何を言っているのかな？」と。

山本　俺にはさっぱりわからないわけですよ。だから俺はいかに時代遅れで、時代錯誤で、生きた化石っていうかさ、ハッキリ言って俺は用がないわけですよ。だからみなさんはよく「昭和の時代が終わった」とか言ってるけど、そうじゃなくて俺が終わってるんですよ。そのことを自覚したら、なおさら俺は自分の時間を楽しく生きていきたいという気持ちになってさ、またガッツポーズをしているんですよ。

――「もう俺は終わってるんだから、構わないでくれ」と。

山本　そう。俺は毎日を楽しんでいるんだから。人と会って、喫茶店トークをやってね。それでみなさんが俺に会いたいってことで連絡をしてきて、俺にメシをおごってくれるわけじゃないですか。それでいいわけですよ。十分なんですよ。俺はいつもタダ飯を食っているわけですよ。

「俺が長生きしないことには何かがドドーッと崩れ去る危険性がある。俺がこの世にいることで過去の何かが持ちこたえている」

――いわゆる週プロ年金ですよね（笑）。

山本　そうそう。そういう俺の自由な生き方は、みなさんはある意味ではできないから。やったら破綻しちゃうから俺のことをうらやましがっているところもあるはずなんよ。それといまの俺にはあらゆる欲というものがないわけじゃないですか。

――いまやまったく？

山本　たとえば出世したい、有名になりたい、お金持ちになりたいとか。それはもう俺には無理なんですよ。俺は自分で自分の才能に惚れているだけだから。で、その俺の才能に寄ってくる人もいっぱいいるわけですよ。「ターザンと話したらおもしろい、楽しい」っていう形でね。だから俺も割り切っているわけですよ。とにかくね、人は死ぬんだよ。

――「人は死ぬ」というのは間違いない事実なんですけど、自由に生きているターザン山本に長生きをしてほしいっていうのはありますよ。長々とずぼらに生きている姿を示してほしいですね（笑）。

山本　それはある！　だって、俺が長生きしないことには何かがドドーッと崩れ去る危険性があるんよ。あるいは俺がこの世にいることで過去の何かが持ちこたえているという部分もあるわけですよ。要するに俺が発言したり、存在することによって、失われた過去の記憶だったり事実が持ちこたえているわけですよ。

――絶対に歴史の改ざんはさせないと。

山本　そうそう。だから俺は長生きをして、過去を全滅させないという役割があるわけですよ。だってもう櫻井康雄さんも竹内宏介さんもこの世にいないわけじゃないですか。馬場さんも猪木さんもいない。マスコミもレスラーもいないんだから、本来はなし崩し的にすべてが終わってるんですよ。ただ、俺がいることによって首の皮一枚でつながっているわけですよ。それでさ、最近あることで俺にやる気が起こったんよ。

――なんですか？

山本　「それだけじゃ、おまえの自己満足だろう」ということで、俺のまわりにいるファンのみなさんは俺にいま一度、もう一花咲かせてほしい、有名になってほしいと思ってるんよ。俺がそうなることによって、自分がターザン山本を応援してきたこと、好きになったことの証明になるという形でさ。だから俺がもう1回世の中に出て行ったら、彼らはよろこんでくれるわけですよ。その彼らをよろこばせるために俺はやらなきゃいけないということがチラッと頭の中をかすめたんよ。そこが最近あったいちばんの変化ですよ！

――「そのために」ってことも具体的に考えているんですか？

山本　そのためには何か作品を書かなきゃいけないと。これは自分のためにじゃなしに、俺を応援してくれた人たちをよろこばせなきゃいけないってことを俺は悟ったんですよ。最後に何かを証明しなきゃいけない。俺は何かを残すんじゃないんよ、何かを証明をするんよ。

――最近、そんな気持ちが頭の中をよぎったと。

山本　よぎったんですよ。それは俺を支援してくれたり、俺と会ってよろこんでくれている人たちの顔を見てね。

――雨乞いの儀式をやっている人たちのために、本当に雨を降らせてやりたいと（笑）。

山本　そうそう（笑）。その人たちをよろこばせるために何かやらないと思ってしまったね。

――そんなことしたら死にますよ。

山本　あっ、そうだよね？　たしかにそれをやろうとするともの凄く神経を使うわけですよ。ガーッと集中して考えちゃうから寿命を縮めるわけですよ。それよりも自由にグダグダやっていたほうが長生きできるわけですよ。

――そうですよ。誰かのために何かを証明したいだなんて、鬼ショッパイですよ。

山本　そうだよな！

――このままの感じで、ダラダラと生きていってくださいよ（笑）。

山本　史上空前のなまけ者でな！　とんでもなくずぼらにな！

「俺は自由になるために生きてきた。極端な言い方をすれば『俺の親父やおふくろは誰でもよかった』っていう考え方なんですよ」

――そっちのほうが誰にもできなくてカッコいいですよ（笑）。

山本　じゃあ、ターザン山本の『解体新書』はいらないな！だから人間っていうのは自分を合理化するしかないんだよね。

――正当化する言い訳ですね。

山本　そう、言い訳。それができてストレスのない生き方になるんだよね。だから絶対に自分を責めたり、否定したらいけないんよ。

――山本さんは人生で反省したことってあるんですか？

山本　ない！

――まったくない？

山本　まったくない！　反省したことなんてないよ、俺は。「悪いことをしたな」っていう感覚があまりないんだよね。

——そういう感覚がない（笑）。

山本　たとえば俺は両親にウソをついて、裏切って、まったく期待に応えていないわけですよ。実家を飛び出して行ったまま、親のことは放ったらかしじゃないですか。それっていうのは親不孝のかぎりですよ。まずそこがあるよね。ただ、俺はそれに対して悪いとは思っていないんですよ。「いや、俺は自由になるために生きてきたんだから」と。極端な言い方をすれば「俺の親父やおふくろは誰でもよかったんだ」っていう考え方なんですよ。

——「たまたまのキャスティングでしょ」っていうことですか？（笑）。

山本　俺は生まれてきた瞬間から「親は誰でもよかったんだ」っていう考えよ。「生まれてきたら俺の勝ちだ！」っていう考えだから（笑）。

——「母親、おつかれさま！」と（笑）。

山本　「ごくろうさん！」と（笑）。親は偶然の賜物だと思っているわけですよ。必然とは思っていないから。それと最初と次の結婚で俺は離婚しているから、結局、俺は彼女たちの夢を叶えてあげられなかったわけじゃないですか。なんにも応えていなかったんですよ。でもそれに対しても「申し訳ない」って思ったことも1回もないんよ。だって恋愛の初期段階ではお互いにいい思いもしているんだから。

——初期段階（笑）。

山本　あるいは俺には娘さんがふたりいて、それぞれお母さんは再婚しているから、その娘さんたちにとっては非常に厳しい現実ですよ。ただ、それに対しても俺は特に悪いとは思っていないもんな。

——「娘、おつかれさん！」と（笑）。

山本　そうそう。だから俺はふたり目の奥さんを自分に部下に取られたわけでしょ。普通ならそこで激情して、怒るか、暴走する形なんだろうけど、俺はそれに対して「ああ、仕方ないな。どうぞご自由にやってください」という考え方なんですよ。それも「ごくろうさん！」と。

——「じゃあ、撤収！」と（笑）。

山本　「じゃあ、もう自由に生きてください。俺も自由に生きますんで」っていう考え方なんよ。

——どうやら本当に反省の気持ちはゼロのようですね（笑）。

山本　ただし例外はある。それは本当に俺のことを好きになって飛び込んできた人に対して。俺はその人たちをことごとく押し返してしまったんよ。そこだけは少し反省をしてるけど、ただし、みんな人妻だったからね。でも、その人たちにだけは俺は土下座して「申し訳なかった！」と言いたいね。

「俺はターザン山本になることでもうひとりの自分を活用できたわけ。つまり俺はいまの時代の走りみたいなものなんですよ」

――えっ、なんでその人妻たちだけにはそう思うんですか？（笑）。

山本 だって向こうは本気だったんだから。

――その本気の気持ちに対して、本気で応えなかったからってことですか？

山本 俺は自分の女を取られるのは平気なんだけど、取る側にはなりたくないというね。そういった俺の弱気の発想というか、正義感というか、それが働いてしまったことに対して俺は非常に悔いがあるんですよ。なぜ、そこで人妻を奪って逃げなかったのかっていうさ。

――奪って逃げる。言い方（笑）。

山本 なぜ人妻と逃亡しなかったのかと。俺はその一点だけは……本当に申し訳ない。

――めっちゃ謝ってる（笑）。

山本 でもまあ、俺は自分なりの大河ドラマを生きてきたからね。それは凄いことだよね。

――山本はいつからそんなターザン山本だったんですか？もう生まれてきたときからずっとこんな感じですか？

山本 いや、俺の本名は「山本隆」じゃないですか。これは前にも言ったと思うけど、俺はふたりの人物から「山本隆という等身大の人間からフィクションになりなさい」と言われたんよ。ひとり目は2回目の奥さんのお父さんで「どうせ生きるんだったら、人の上に立って、まわりを司る人間にならなきゃいけない」って言われて、俺は週プロ編集長になってから「隆」を「隆司」にしてその期待に応えたんだよね。

――「山本隆司」はペンネームなんですよね。多くの人はそれが本名だと思っていたりしますけど。

山本 それともうひとりは、１９８０年代の半ばにサンボのビクトル古賀先生と出会って「おまえはターザン山本というフィクションになれ」と。「ターザンはジャングルで生きている。プロレス界はジャングルであり、レスラーは猛獣だ。おまえはその猛獣使いとなれ。ターザンになるんだ」と言われたんで、そこで俺はまた受けて立って「わかりました！」と言った明くる日にはもう「ターザン山本」になったんよ。

――まあ、「司」も「ターザン」も意味合いは同じですよね。

山本 そうそう。「おまえはフィクションにならなきゃいけないんだ。素の人生を生きるな。おまえにはそれ以上のことができる可能性があるんだよ」ということはふたりは見切っていたというか、わかっていたわけですよ。

――じゃあ、本当に改名が人生の契機というか。

山本　そうしたらターザンに対するジェーンみたいなさ、2回目に16歳下の若くてかわいい奥さんが来たわけですよぉ。

——まぁ、ジェーンはジャングルから消えたけど（笑）。

山本　とにかくすべて理屈は合っているわけですよ。でもベースボール・マガジン社においては、社員がターザン山本になるっていうこと自体がおかしな話なわけじゃないですか。

——しかも、いい歳して中途で入ってきた男が（笑）。

山本　全部がおかしいわけですよ。つまり俺はそこで時代を先取りしているわけですよ。組織に入ってはいるけど、副業をしてもいいですよ、別の生き方を追求していってもいいですよ、というのがいまの時代じゃないですか。俺はターザン山本になることでもうひとりの自分を活用できたわけじゃないですか。だから俺はもういまの時代の走りみたいなものなんですよ。

——たしかに元祖ダブルワークですよ。

山本　だからアルバイトもやりまくったわけですよ。

——まあ、会社に認められていなかったですけどね（笑）。

山本　認められていなかったけど、週プロが儲かっているから会社は認めざるを得なかったわけですよ。

——黙認ですよね。

山本　要するに知らん顔をして泳がせているわけですよ。だから俺はターザン山本をやり切ったんですよ。それはつまり馬場正平がジャイアント馬場になり、猪木寛至はアントニオ猪木になったようなものじゃないですか。いやあ、今日の話もめちゃくちゃおもしろいな！　これは単にターザン山本の話だけじゃなくて、ある時代の側面を切り取っているみたいな形でリンクしたな。凄く時代性があるなと俺は感じたもん。読者のみなさんに言いたいのは、単に俺が生意気に能書きを言ってるわけではないんですよと。その一方でやっぱり俺はいい加減で無責任であるというのが基本にあるというね。そういう形なんですよってことはここであらためて言っておきたいんよ。

ターザン山本！（たーざん・やまもと）
1946年4月26日生まれ、山口県岩国市出身。ライター。元『週刊プロレス』編集長。立命館大学を中退後、映写技師を経て新大阪新聞社に入社して『週刊ファイト』で記者を務める。その後、ベースボール・マガジン社に移籍。1987年に『週刊プロレス』の編集長に就任し、"活字プロレス""密航"などの流行語を生み、週プロを公称40万部という怪物メディアへと成長させた。

TARZAN
CLAW

汚い……今回はとにかく汚いです。

たぷっ
たぷっ
いやだー最悪
もう新谷くんの時間だよね
これは木島さんの当番なので
やだよ絶対無理
いいでしょやってよ
ボクはこういうの苦手で
お願いします
私だって得意じゃないから
くそさっきの客あいつかー

やっぱり木島さんの番なんで
お願いします
絶対嫌だ
こんなのやるくらいなら辞める
困ったな
二人で見なかったことにして
店長にやってもらいますか
無理矢理やらされたらパワハラで訴える
第104話 ズッポン
トイレ貸して下さい
吉泉知彦
仮面サンクス

あ…今こんな状態なんで
使用停止中です
たぷっ
僕がやるから
ズッポン貸して
出て
ずぽっずぽっ
じゃー
ブリブリブリ
ブー
カラカラカラカラ
ごそごそごそごそ
おにぎり四天王
ジャー

KENICHI ITO

涙枯れるまで泣くほうがEマイナー

VOL.31

「夢をありがとう石浦」

伊藤健一

（いとう・けんいち）
1975年11月9日生まれ、東京都港区出身。格闘家、さらに企業家としての顔を持つため“闘うIT社長”と呼ばれている。ターザン山本！信奉者であり、UWF研究家でもある。

6月1日に大相撲の元幕内・石浦（宮城野部屋）が引退を発表した。

石浦と言えば、私のトレーニング仲間であり、『ＫＡＭＩＮＯＧＥ』51号に初めて現役力士として登場した〝ＫＡＭＩＮＯＧＥファミリー〟でもある。現役時代は小兵力士として人気があり、『ＫＡＭＩＮＯＧＥ』に出たときは、稽古場での写真がカッコよすぎて、井上編集長から「イトケン、やばい。これ表紙にしようか考えてる」と連絡が来たほどだ（実際の表紙は中邑真輔）。

石浦との出会いは、レフェリーの和田良覚さんのトレーニング、通称〝和田トレ〟である。和田トレは「重いモノを素早く挙げる」という瞬発力強化に特化したトレーニングで、トレーナー歴40年である和田さんのトレーニングの引き出しも素晴らしいので、私も10年以上指導を受けている。

1回で全身を鍛えるので3時間くらいかかるのだが、実際はトレーニング1時間、和田さんのトーク2時間と言われている。だが終わったあとは本当にヘトヘトになるので、継続するには気力も必要になる。何年も所英男と一緒に和田トレを受けていたのだが、所が「伊藤社長……和田トレはお休みします」と先に気力が尽き、しばらく私はひとりでやっていたが、ついに私の気力も尽き、最近はふたりともお休みしている。私がＺＳＴに出ていたときは週2回は和田トレをおこなっていたので、パンチの破壊力がとんでもなく、特に2009年11月の奥出雅之戦では、衝撃的なパンチを連発して相手の顔面を破壊してしまい、ＺＳＴマットを震撼させたほどだ。それほど瞬発力が強化できる和田トレは、確実に相撲向きのトレーニングなので、石浦も知人に紹介されて来ることになったそうだ。

当時は身体も小さくて、番付もまだ幕下（相撲の世界では幕下は見習い扱い）だった。話して見ると大学生の頃にＫＲＡＺＹ ＢＥＥに通いＭＭＡの練習もした経験もあり、格闘技にも詳しくて、性格も穏やかで、かわいい顔立ちだったのでいっぺんでファンになってしまった。しかし大相撲の世界では、小兵すぎるし、スクワットも60キロくらいしか挙がっていなかったので、正直成功するのは難しいだろうと思っていた。本人も「1場所だけでもいいから十両にあがりたい」と言っていたので、その願いが叶えばいいなと思っていた。

そんな私の心配をよそに、石浦は瞬く間に出世街道を登っていった。「1場所だけでも」と言っていた十両どころか、幕内入りもあっさりと果たし、新入幕の場所では10連勝をして優勝争いに絡み、スポーツ新聞の1面を飾ったりと一瞬でスターとなった。当時たまに一緒にトレーニングをすることがあったのだが、見るたびに身体が大きくなり、60キロくらいだったスクワットも、いつの間にか２００キロ以上挙がるようになっていたので驚愕した。もちろん石浦の快進撃には、和田トレ効果も多分にあったと思うので、すっかり和田さんの自慢の種になり、ゴールドジムの一般会員さんから石浦のことを聞かれることも多かったので、そのときの姿はとても誇らしげだった。その一方で「ここが痛い、あそこが痛い」とすぐ弱音を吐く、私と所の中年コンビの指導時は、死んだ魚の目をしていたが……。

私が柔術道場ＣＡＲＰＥ ＤＩＥＭで練習会を開催していたときも石浦は参加してくれたことがあり、そのときは宇野薫、須藤元気、所英男、ＫＵＳＨＩＤＡ、大井洋一など豪華メンバーが揃っていたので、〝新日本プロレスvs大相撲〟などプロレス・格闘技ファンなら誰もが見たい夢の対決を実現することができて、私のよき思い出になっている。

首の怪我で引退と、本人も志半ばで無念だと思うが、いろんなスポーツの指導者の話を聞くと、意外と選手のときに完全燃焼してしまうといい指導者にはならないらしい。我らがアントニオ猪木も、自身が引退試合と思っている１９９５年、北朝鮮でのリック・フレアー戦で「完全燃焼したのがよくなかった」と後年語っている。まあ、猪木がいい指導者になるとは到底思えないが（笑）。

石浦なら、その無念を自分の心に秘めて、かならずいい親方になってくれるはずだ。

本当に長い間、場所が始まり夕方になると、石浦の取り組みをチェックし、一喜一憂するのが日常だった。そして大いに楽しませてもらった。

夢をありがとう!!　石浦!!

マッスル坂井と真夜中のテレフォンで。

6/17

MUSCLE SAHAI DEEPNIGHT TELEPHONE

「俺、ある知り合いの社長さんにササダンゴのマスクをプレゼントしたことがあるんですよ。そうしたら次の日に面識のないキャバ嬢たちからDMが来て『きのうはごちそうさまでした！』って。俺の知らないところでスーパー・ササダンゴ・マシンが超豪遊していたっていうね（笑）」

「ちょうど俺は今年は8月までは半袖&半ズボンはやめようって思っていたんですよ」

坂井　井上さんは日記とかつけてます？

――いや、つけてないですね。あっ、でも私はおととしくらいにちょっと鬱っぽかった時期があったじゃないですか？

坂井　はいはい。まあ、俺はいまだにハッキリと治ったとは認めていないですけどね。

――その頃に心配してくれていた友達から「日記を毎日書け」って言われて、それで3、4日書いたかな。

坂井　ボリュームは？

――1日2000字くらい？

坂井　書きすぎじゃないですか？（笑）。

――とにかくダルいことだけをしたためた日記をね、毎日書いたらその友達にLINEして報告していたんですけど、「なんて読ませるんだ」って毎日ほめられてました（笑）。

坂井　それってお友達から提出を求められていたの？

――そう。でもそれは数日しかもたなかった。鬱なんだから、そんな規則正しく毎日書けないでしょ（笑）。

坂井　これって『KAMINOGE』に載せられる話なの？　ちょっとグレーゾーンじゃない？

――えっ、べつにいいよ。なんで？

坂井　なんかそこに女の影を感じちゃうというか。

構成：井上崇宏

——あっ、女友達ですよ。

坂井　それ、『KAMINOGE』に載っけてもいいような女友達なんですか？（笑）。

——もちろん。純粋な女友達ですよ。

坂井　純粋な女友達？　あんま聞かない言葉だな（笑）。

——気の合う、仲のいいヤツの性別がたまたま女だったというだけです（笑）。

坂井　すげえ対峙してもらってますよね。

——日記エピソードといえばそれくらいですけど、なぜ？

坂井　いや、この収録って基本的にいつも手ぶらで臨ませてもらっているけど、いつも井上さんから「最近何かありました？」って聞かれるから、俺は最低限、身の回りで起きたことをスマホのスケジュールアプリに備忘録として2、3行書くことにしてるんですよ。それをさっき見てみたら6月に入ってからもう10日以上書いてなくて、俺、気づかぬうちに鬱が抜けてたんだね（笑）。

——最近あまり見かけないけど、ツイッターとかインスタのプロフィールに「日々の備忘ロック」って書いてるヤツいましたよね。

坂井　ウソだあ（笑）。

——えっ、いっぱいいたじゃん。

坂井　「面白きこともなき世を面白く」よりもいた？

——それと同じくらいいた（笑）。

坂井　最近は「面白きこともなき世を面白く」がいないんですよね。

——みんな鬱から抜けたんだな（笑）。でも日記と言えば広末涼子さんの例の交換日記。

坂井　まあね。そういえばこないだ友近さんの『水谷千重子50周年記念公演』を明治座に観に行ったんですけど、肌触りがよさそうなTシャツと短パンを履いた鳥羽シェフみたいな男性のお客さんがいっぱいいらっしゃいましたわ。

——サカナクションのライブの客層みたいな。

坂井　いや、ユーミンですね。ちなみにあれって鳥羽シェフ側の文面も流出しちゃってるんですか？

——どうなんだろ？　あっ、手元にまだ開いていない『週刊文春』があるわ。

坂井　えっ、それは買ったの？

——いやいや、例の「日記をつけろ」って言っていた友達がくれました。

坂井　ずっと対峙してくれてるなー。

——あれ？　これに「チェックアウトをする鳥羽氏」という写真が載ってるんだけど、ちょっとマッスル坂井に似てんな。

坂井　げっ！　……それ、お気づきになりました？　鳥羽氏の身体のフォルムがちょっとマッスル坂井っぽいってことに。

——はい、気づきました。

坂井　俺は「こういうことってけっこう起こりうることだよな」と思いながら、じつはここ数日間を過ごしていたんですよ。逆の立場もあったらどうしようってソワソワしちゃうというか、つまり自分が広末さんと出会っている世界線もあったんじゃないかっていう……。

——なるほど……。いや、広末さんのお相手が鳥羽氏じゃなくてマッスル坂井だったとしても、私は「やっぱ広末さんはわかってるな」と思ったと思いますよ。それで私は「えっ、坂井さん。ここだけの話、広末さんって『まっする』を観に来たこともあるの……？」とかって超聞くと思う。

坂井　ないないないない！　それはないから！

——もしもの話だよ。必死で否定すんなよ（笑）。

坂井　でも、これってすべてのことが起こりうるっていう話だからね。気持ち悪い時代ですよ。だって誰しもが広末さんから恋文を贈られうる世界なんだよ、この2023年っていうのは。

——国民総対峙時代……。

坂井　いろんな偶然とかタイミング、周期が一致した結果、誰しもがこういうことが起こりうる。そのタイミングを見逃さなかった鳥羽氏。おふたりが出会った瞬間からどういうふうな手順で明るみになるまでに至ったのかっていうことを全部知りたいという気持ちもあるし、どうせ知れないんだったら何も情報を入れたくないなっていう気持ちなんですよ。

——今回の一件をかなり真剣に捉えてるんですね。

坂井　だってね、鳥羽氏の写真をパッと見たときに俺は「半袖&半ズボンが似合ってるな」って思ったんですけど、俺ならどっちかは長袖もしくは長ズボンにしたいなって。ちょうど俺は今年は8月までは半袖&半ズボンはやめようって思っていたんですね。だから正直「鳥羽氏は半袖&半ズボンで自由にやってんな」って思っちゃった。

——ぱっと見は黒づくめか緑づくめの違いでしかないけどな。

坂井　いやいや、私は今年は半袖&半ズボンはやらないいって決めてるもん。半袖&長ズボンか長袖&半ズボンにするもん。暑いけどね（笑）。

「あっ、汁レスラーって〝知る人ぞ知るレスラー〟のことだったんだ！（笑）」

——だからそれはなんのこだわりなの？（笑）。

坂井　アッハッハッハ！　だから俺が自分の中で抑えて生きている部分を「この鳥羽さんって人はいっさい抑えてないな」って思っちゃったって話ですよ。

——えっ、なに？　やたら長袖か長ズボンを着たがってるけどタトゥーを失敗したの？

坂井　タトゥーは失敗してないよ。

——ちょっとマジで意味がわかんない。でも、もしお相手がマッスル坂井だったなら、このチェックアウトしているシーンもスーパー・ササダンゴ・マシンのマスクをかぶってる状態で撮られてほしいな。

坂井　でも顔を見なきゃ本物かどうかわからないんだよ？

——そうそう。だから直撃されても「えっ、誰かと間違えません？」ってとぼけられる。

坂井　あのね、俺、以前言いましたよね？　俺は基本的に人にマスクとかあげないんだけど、ある知り合いの社長の誕生日パーティーがあって、その社長にササダンゴのマスクをプレゼントしたことがあるんですよ。

——あー、なんか聞いたことある（笑）。

坂井　そうしたら次の日に複数の面識のないキャバ嬢たちからDMが来て、「きのうはごちそうさまでした！」って。俺の知らないところでスーパー・ササダンゴ・マシンが超豪遊していたっていうね（笑）。

——アハハハハ！　それ、めっちゃおもしろい話（笑）。だからその社長が広末さんと付き合うかもしれないっていう。

坂井　そう！　まさにそうなんですよ。なんかリアリティがありますよね。凄く有名な人じゃなくてもこういうことになるんだなって。

——でも鳥羽さんだって「知る人ぞ知る」ですもんね。

坂井　でもスーパー・ササダンゴ・マシン、

マッスル坂井、そして井上さんだって、わりと知る人ぞ知る界においてはけっこうなキャリアですよ。いつ「知る人ぞ知る」として世に出てしまうか、そのゲート前にずっと立ち続けているわけでしょ。それはいいことで出るのか、悪いことで出るのかはわからないけど。

――いや、私はそこまでの人間ではないですよ。

坂井　いや、一応「知る人ぞ知る」っていう枠内ですよ。でもオカダ・カズチカさんや棚橋弘至さんはもう「知る人ぞ知る」とは言われないよね。あの人たちは「新日本プロレスのエース」とか「プロレス界の大看板」だから。俺らはずっと「知る人ぞ知る」なんですよ。

――たしかに自分のことを「汁レスラー」って言ってたもんね（笑）。

坂井　あっ、汁レスラーって「知る人ぞ知るレスラー」のことだったんだ！（笑）。

――汁男優だって「知る人ぞ知る男優」でしょ。

坂井　あっ、そう聞くと凄くやさしい世の中だよね。でも、いまの時代ってみんなが「知る人ぞ知る」だけどね。

――いやー、しかしマッスル坂井は可能性あったと思うんだよなあ。

坂井　どうせこれは「気持ち悪い」って言われると思うんですけど、やっぱ俺も「あったのかもな」って思いました。なんなら俺もシェフとして世に出る可能性もあったのかなっていう。

――それはもうマッスル坂井じゃねえよ（笑）。

坂井　だって15年前にゲッターズ飯田さんに占われたとき、「あなたがいちばん成功するのはパティシエの世界です」って言われたんですよ？　いや、マジで自分で気持ち悪くなってきたから、この話はやめましょう。クソ気持ち悪い（笑）。

――やめましょう。それよりも私はマッスル坂井がなぜ半袖&半ズボンをそこまで嫌悪するのかが聞きたいです（笑）。

坂井　それは俺の新潟の友達で洋服屋をやってる澁谷くんがね、こないだ長袖の服を試着していたお客さんに対して言っていた言葉を聞いてしまったからなんですよ。澁谷くんがそのお客さんに「半袖ってそもそもダセーじゃん」って言ってたんですよ。

――えっ、半袖がそもそもダサい？

坂井　そう。それで俺も「はっ？」と思って。言われてみるとTシャツとかは半袖でいいけど、半袖のシャツと長袖のシャツだと、圧倒的に長袖のシャツのほうがカッコいいですよね。

――どうだろ。でもたしかにサラリーマンがジャケットを脱いだときに半袖のワイシャツだったら、ちょっと「えっ？」ってなっちゃうかも。

坂井　まさにそうらしくて。でも澁谷くん曰く「坂井は似合ってるんだよ。Tシャツから出てる部分、肘から下がちゃんと太いし、手もデカいし、べつにライフスタイルと格好が合ってるから、半袖&半ズボンもいけるけど、みんなだんだんと肉が落ちてきて、腕も足も細くなってきてさ、Tシャツとか短パンのヤツって見ていられなくなるんだよ」と。っていうことらしいです。

――青天の霹靂というか、「そもそも半袖ってダセーじゃん」って凄いパワーワードだな（笑）。

坂井　だから俺はその強い言葉を聞いてから半袖&半ズボンができなくなっちゃったし、その言葉の呪縛に囚われていない鳥羽シェフのことが正直うらやましいんですよ。

Nº 139 KAMINOGE

次号 KAMINOGE140 は
2023 年 8 月 5 日（土）発売予定!

長州力の娘婿・慎太郎。
長州が義父となってから体重がどんどん減っていき、
現在は49kgです（スーパーアトム級！！）。

2023 年 7 月 12 日
初版第 1 刷発行

発行人
後尾和男

制作
玄文社

編集
有限会社ペールワンズ
（『KAMINOGE』編集部）
〒154-0011
東京都世田谷区上馬 1-33-3
KAMIUMA PLACE 106

WRITE AND WRITE
井上崇宏
堀江ガンツ

編集協力
佐藤篤
小松伸太郎
村上陽子

デザイン
高梨仁史

表紙デザイン
井口弘史

カメラマン
タイコウクニヨシ
工藤悠平

編者
KAMINOGE 編集部

発行所
玄文社
［本社］
〒107-0052
東京都港区高輪 4-8-11-306
［事業所］
東京都新宿区水道町 2-15
新灯ビル
TEL:03-5206-4010
FAX:03-5206-4011

印刷・製本
新灯印刷株式会社

本文用紙：
OK アドニスラフ　W A/T 46.5kg